じょうずに頼る介護

——54のリアルと21のアドバイス——

一般社団法人リボーンプロジェクト編

太田出版

はじめに

自分の介護は自分でデザインする！
〈自分介護〉の時代へ

２０４０年には、単独世帯が９００万世帯に達するという予測があります。単独世帯の全世帯に占める割合は約40％に上り、特に、65歳以上の単独世帯数の増加が顕著であると推測されています（国立社会保障・人口問題研究所「日本の世帯数の将来推計」）。配偶者と死別したり、未婚だったりし、子どももいなくて、きょうだいも少ない。日本の家族構造は大きく変容しています。

これまで頼りにしていた日本の家族相互助け合いシステムは崩壊してしまいました。身寄りのない高齢者が増えると、これまで家族、親族が順送りでこなしていた生活面でのサポートを受けられないケースが普通になります。年金受給の書類作成や銀行振り込み、各種契約から、入退院時の付き添いや治療方法の意思決定に関わること、最後は看取りや納骨まで、家族、親族が行ってきた支援を誰が担うのかという課題に社会全体が直面しています。

国もやっと重い腰を上げて一人暮らしの高齢者のパッケージ支援に取り組もうとしていますが、いまほど、制度の中身の検討も含めて「当事者の意識」が必要とされる時はありません。

介護保険制度が発足して四半世紀。介護の社会化が実現したかと思いきや、介護保険制度も担い手不足と資金不足で制度疲労を起こしています。そのうえ、医療分野でもマイナ保険証の導入で国民皆保険制度がパンクしそうな今日。社会保障制度も家族も次世代も当てにできない大ピンチです。

しかし、人生も最終盤に入ると、必ず誰かの助けが必要になります。

他者に頼ることと、自分の人生を他者に預けてしまうことは違います。頼るためには、サポートする側にもされる側にも自分で自分を支える覚悟が必要です。自分を救えるのは自分だけ。最期まで自己決定権を保持することができれば、他者や制度に上手に頼る方法が見つかります。本書では、これを〈自分介護〉と名付けます。

本書は、54の個別事例と専門家のアドバイスで構成するルポルタージュです。人生の後半期を四つのフェーズに分け、局面ごとに待ち受けるバリアをいかにクリアしていくかを考えます。

「自分は困ったことにはならない」「老後は誰かがなんとかしてくれる」「金さえあればなんとかなる」「死ぬときは死ぬ。後は野となれ山となれ」……。こうした「正常化バイアス」も「他力本願」も「自暴自棄」も〈介護難民〉への道。うかうかしていると、行き場をなくしてしまいます。来るべき一人暮らしの老後生活のために、いまできることは、個々の課題解決に自分事として取り組む実践しかありません。

その意味で、ケーススタディの集合体こそ、自分自身の安心老後のテキストブックになるはずと考えました。個々の置かれた立場、環境で異なる固有のケースに、時には刺激を受け、時には反面教師とし、自分のための解決策を見つける旅へと歩を進めましょう。

フェーズすごろく

START!

父親が認知症発症遠距離介護が始まった

情報量豊富なケアマネと出会う

入院中のペットの預け先探しに奔走

友人が入院時の保証人を引き受けてくれた

退院した日に転んで骨折再入院

介護申請して要支援２に認定

先々を考えて介護施設を見学

司法書士と死後事務委任契約を結ぶ

故郷の墓に納骨を依頼して一安心

幸せに大往生

GOAL!

親の介護と〈自分介護〉

Phase 1

母が倒れ
両親ともに
介護施設に
入所

両親が
亡くなり
実家が空き家
になった

身の回りの
整理に着手

Phase 2

遺品整理で
腰痛に

空き家に
なった実家が
売れた！

動脈瘤が
見つかり手術

Phase 3

信頼できる
訪問医に
出会う

司法書士に
任意後見を
依頼

Phase 4

遺言状を
書き
遺言執行人を
選ぶ

頼りに
していた
甥が急死

死後の
手続きを姪に
依頼したが
断られる

もくじ

Phase 3
要介護生活突入　在宅か施設か
〈自分介護〉の天王山　135

アドバイス

各事例には、専門家のアドバイスまたは解説が付いています

佐々木世津子（主任ケアマネジャー） 19・107・150
荒木桂子（看護師） 28
飯野三紀子（ライフプランナー） 37
柴本美佐代（ファイナンシャルプランナー） 45・119
立川久雄（不動産コンサルタント） 55
水野智之（精神科医） 64
勝俣範之（腫瘍内科医） 80
平 家宏（シニアホームコンサルタント） 165
石井博晶（司法書士） 192・202・213
大河内秀人（僧侶） 225
大角 修（宗教研究家） 234

＊事例は、一人称と三人称が混在しています。事例内の名前はすべて仮名です。プライバシー保護のため、設定を一部変更しています。
＊本書では「障がい」で表記を統一していますが、行政用語はこの限りではありません。
＊本書に記載した制度等は、2024年12月現在のものです。

Phase 1

親の介護と
自身の老い

〈自分介護〉に目覚める

人生後半期に入ると、老後が気になり始めます。
経済不安、健康不安はもとより、
家族関係や人付き合いにも変化が現れる時期。
人生のセカンドステージを
デザインしようと思ったとき、
立ち塞がってくるのが、「親の介護」「相続争い」
「老後資金不足」というバリアです。
Phase 1のバリアをクリアして、
安心老後をスタートさせましょう。

事例1

親の介護

パーキンソン病になった父の介護で疲労困憊
——虐待寸前だった浩太郎さんの場合

ずっと介護していた85歳の父が、今年亡くなりました。父の介護が精神的にハードだったので、いまはちょっと気が抜けたようになっています。

介護の主な担い手は一人息子の自分

同居の父は、10年前にパーキンソン病と診断されました。いずれ介護が必要になるとの思いもあり、私は7年前に会社を辞め、フリーランスで働いています。いま、55歳です。父は3年前から要介護3で、車椅子生活に。この病気は進行してくると、体が硬直して動けなくなったり、立ったまま硬直してバタンと倒れたり……。私は家で仕事をしているので、父が倒れた大きな音に慌てて駆け付け、体を起こす、車椅子に座らせる、ベッドに寝かせる、その繰り返しでした。父が大声で私を呼びつけることもありました。

そんな場面では、動けなくなった父を覚醒させようと、怒鳴ったり、頬を何度も叩いたりしていたので、虐待ぎりぎりだったと思います。私自身も冷静な対応をしていたとは思えません。一度、ハンマーで大工仕事をしているときに父に呼ばれたことがあるんです。向かおうとしたら、高校生の息子が私の肩をぎゅっとつかんで、「お父さん！　ハンマーは置いていけ!!」。見ると、ハンマーをしっかり握りしめていた。いまにも父に襲いかかりそうな鬼気迫る顔をしていたんでしょうね（笑）。

父は転んで擦過傷も多いので、訪問看護師さんに「どうしてこんなにケガを？」と虐待を疑われたこともあります。

パーキンソン病は認知症も併発しやすいらしく、父もまたそうでした。動けるときは「仕事に行く」と言ってヘルメットをかぶり、鞄を抱えて自転車に乗ろうとする。それを止めるのが大変でした。目を離したすきに外に出てしまうことも多かったですね。ちゃんと歩けないので遠くには行かないのですが、この2年間は夕方、父を探しに行くのが日課のようになっていました。父は一日の中でも、ちゃんとしているときと、意識がもうろうとしているときがあって、まったく様子が違うので、

【パーキンソン病】
神経細胞の障がいで震え、転倒、筋固縮等を起こす難病。
詳しくは→**https://www.nanbyou.or.jp/entry/169**

私自身も混乱するんです。

私の親なので、自分が介護を担当するのは当たり前と思っていました。妻は仕事もあるし、子育てもある。私がやれることはやればいいと思ってヘルパーさんは頼まず、3年前からは訪問リハビリが週2回、2年前から看護師さんに週1回来てもらっていました。失禁もあるのでリハビリパンツをはかせ、私がパンツを取り替えたり、食事の世話をしたりという毎日でした。

ただ、ケアマネジャーには「車椅子から落ちるからといって椅子に縛り付けてはダメ」、「お父さん一人だけ家に残すときも外から鍵をかけると虐待になるんですよ」と言われていました。でも、本当は車椅子にはベルトを付けたいし、私が出かけるときは外鍵をかけたい。近くには交通量の多い道路もあるので外に出たら危険すぎる……。いつも家から出ようとする父を一人でおいてはいけないので、仕事で出かけたくても家族が帰ってこないと出られない。ある意味、がんじがらめでした。

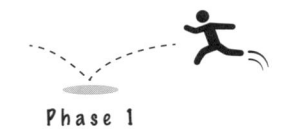

体験入所を試みるも、受け付けなかった父

この病気は秋から冬に体が硬直しがちなんです。自分一人の介護では限界だなと

思ったこともあり、1年前から何度か体験入所をさせていました。体験入所だと騙してグループホームに入れたこともあるのですが、施設から電話がかかってきて、面会に行くと父が真面目な顔をして「入るのはいやだ。子どもが親を介護するのは当然だ。俺たちも親の介護はやってきた」と引かない。もともとは穏やかな性格なのですが、職員の言うことをまったく聞かなくなる。職員に暴力を振るおうとしていたのも見ました。知っている父の顔ではなくなるので、あきらめて連れ帰ってきました。

この冬の体の硬直は特につらそうでした。パーキンソン病はある一定の症状以上だと難病医療費助成を受けることができるので、今年になってケアマネジャーに相談して、難病指定を受け、ヘルパーさんに来てもらう段取りをしていました。もちろん、難病指定のことは以前から知っていましたが、そんなに援助があるわけじゃないと聞いて、それまで申請していなかったんです。介護認定も3年前と同じなのはおかしいと知人に言われましたが、父は体調のいいときもあるので改めて介護認定を取り直そうと考えたことはありませんでした。

父が亡くなったのはそんなときで、直接の死因は誤嚥性肺炎。生きていてつらい

【難病医療費助成】
指定難病と診断され条件に該当すると医療費助成がある。
詳しくは→**https://www.nanbyou.or.jp/entry/5460**

だろうな、と父のことを見ていましたし、追い詰められたときには父に手をかけそうな気持ちになったこともありますが、最期はあっけない感じでした。

老後は土地を売って田舎に移住するかも

会社員のままだったら自分が父を介護することはできなかったので、フリーになってよかったとは思いますが、本当は仕事に全力を傾けなきゃいけない時期に、行動が制限されたことも事実。ただ、２年ほど前に仕事で大きなトラブルがあり、昨年は、いま住んでいる42坪の土地を抵当に入れて、父名義で融資を受けました。結局のところ、東京23区内に一軒家があったからこそ、融資も受けることができたし、家族４人が暮らせている、そういう点では親に感謝しています。

介護の大変さを見ていた息子には「お父さん、ちゃんと保険に入っておいてね」と念押しされています（笑）。

財産は評価額約７０００万円のこの土地だけで、17年前に建てた2世帯住宅のローンもまだ残っています。息子と娘が大学を卒業したら土地を売却し、融資をすべて返し、残った老後資金を抱えて妻の田舎にでも引っ越そうかと話しています。

介護を家の中に閉じ込めないでプロの力を最大限活用して

主任ケアマネジャー
介護事業所経営
佐々木世津子
1979年重症心身障がいの息子の誕生を機に障がい児活動のボランティア団体設立。その後、東京都足立区で(株)創カンパニーを創業、在宅介護サービスの事業所、地域包括支援センター経営。

介護離職は社会の損失

介護保険制度ができるまでは、介護は家族が担うもので、担いきれない場合は、経済的に余裕があれば私的にお手伝いさんや看護師を雇いました。あるいは、家政婦が訪問することもありました。その後、家族が介護を抱えることで、仕事を辞めざるを得なくなったり、経済的に行き詰まったり、女性にのみ負担がかかったり、共倒れになったりすることは〈社会の損失〉だと理解されるようになったことを背景に、「介護

保険制度」ができました。

2000年に発足した介護保険制度は、40歳以上の全国民の保険料で運用されています。医療保険制度で受診料が2割負担、3割負担であるように、介護保険は要介護者が利用料を1~3割負担することで成り立っています。病気になったら医療機関を受診するように、介護が必要になったら介護サービスを受けるのが当たり前の社会になりました。

無論、親の介護は子どもが担うべきという考え方もあります。法的にも親子には互いに扶養義務があり、介護放棄が虐待に当たることもあります。とはいえ、持病があるなど一人で引き受けられない人もいます。親の介護に責任をもつことと、生活全般や身体的な介助をすることを混同してはいけません。介護サービスを最大限利用し、プロの手を入れてください。介護保険制度ができる前の社会に戻してはいけません。

介護をもっとオープンに

親のことを一番よく知る子どもが親の代弁者となって、医療や介護のプロの力を借りて最も適切な介護プランを立て、実行すること。これが、親の介護に責任をもつということだと思います。

何より、介護を家の中のこととして閉じ込めないで、介護に必要な医療、リハビリ、身体介護、生活援助、コミュニケーション、生きる意欲など広範囲な課題にプロと一緒に取り組んでいきましょう。そのための資源が、各地域の包括支援センターであり、ホームヘルパー、デイサービス、ショートステイ、福祉用具、訪問看護、訪問リハビリなどの専門家です。これらの資源を組み合わせてプランを立て、要介護者のQOL（クオリティ・オブ・ライフ＝生活の質）を上げ、ご家族の負担を軽減させているのがケアマネジャーです。信頼できる気の合うケアマネジャーに出会うことができれば、介護の負担は大幅に減るはずです。

たとえばデイサービスに拒否感を示すような方に対しても、一度であきらめてはいけません。デイサービスは、居場所づくりだけではなく、日々のルーティンをつくって、目的のある生活を送ってもらうための生きがいの場づくりです。入浴サービスやリハビリ、昼食やおしゃべりなどを楽しむことは、日々の生活に刺激をもたらし、仲間づくりにもつながります。

デイサービスもデイケアもショートステイも、地域に点在していて選び放題です。

【デイサービス】食事や入浴、排せつ等の生活支援
【デイケア】リハビリや健康管理等の医療的サポートがメイン

それぞれの施設で内容もさまざま。趣味活動に力を入れていたり、外食や外出を楽しんだり、リハビリに注力していたり、まったりと過ごすことを大切にしていたり……。風船バレーを無理強いされるイメージは捨ててください。長時間他人と一緒にいることが苦手な方にはリハビリだけ、入浴だけの短時間デイも人気があります。要介護の方がこうしたデイサービスに通っている間、ご家族には自由な時間が手に入ります。

事例1の浩太郎さんのお父さまは、グループホームなどに体験入所して苦い経験をされたようですが、グループホームでもデイサービスと同様にショートステイやミドルステイができる施設があります。

介護する人にもリフレッシュタイムが必要

介護される人と介護する人が24時間365日ずっと一緒にいれば、虐待につながっても不思議ではありません。同居家族が介護を一手に引き受けることの難しさはここにあります。事例1と同様のケースでは、私なら、まずはお父さまが家を出るためのサービスをお気に召すまで紹介し、親子が一緒にいる時間と空間を少しでも減らすプランを提案したいと思います。ショートステイやデイサービスに馴染めなければ、と

りあえず、ヘルパーに買い物同行してもらい外出する機会をつくることから始めたいですね。

虐待は精神論では片づけられません。疲弊しきった関係性を断ち切るには、物理的に離すことが最優先です。閉鎖的な家族関係から物理的に離れて、介護する人もされる人もリフレッシュできるサービスを利用できるのが介護保険制度なのです。

親の介護の時期に、上手に、医療者、介護者などプロの手を借りるすべを身につけることは、将来、自分に介護が必要になったときのシミュレーションになるのではないでしょうか。

事例2

老々介護

骨折で身動きがとれないとき、施設から母危篤の連絡が

――親子で老々介護に陥った伸介さんの場合

6年前に妻と死別した伸介さんは現在72歳、東京で一人暮らしをしている。65歳まで勤めた商社をリタイアした後は高校や大学時代の友人と旅行したり麻雀したり、子どももいないので自由気ままに過ごしていた。

手のかからぬ親で遠距離介護とは無縁

年金暮らしではあるが、アメリカ赴任中の年金もあるので、退職金に手を付けなくても一人暮らしには十分な収入もある。とはいえ、郷里の北海道の老人施設に入所中の母親（96歳）のことは、気になっていた。

「姉も結婚して郷里を離れていたので、母としては子どもの世話にはなりたくなかったんだろうね。連れ合いを看取った後は、実家を始末して元気なときから老人施

設に入所していたから、僕も姉も親の介護に苦労した感覚はなかったですね」

とはいえ、退職後は、息子として年に数度、母に会いに帰省していた。経済的にも身上的にも母の介護をしているという自覚はないが、母親に寂しい思いはさせたくないから通っていたという。

気ままな一人暮らしがたってか、70歳を過ぎてからは気力も体力も落ちてきたと感じ始めた伸介さん。このままでは、母親より先に自分が倒れてしまうかもと不安になった。

「自分で家事や買い物をこなせなくなったときには、施設入所も考えなくてはいけませんよね。いよいよか、とは思ってはいるものの、母を送ってからでないと自分のことは考えられないもので、これが老々介護の現実かと思い知らされました」

弱り目に祟り目とはこのことか

そんなとき、伸介さんにアクシデントが起こる。散歩の途中に段差につまずいて転倒。肩を骨折してしまったのだ。倒れて起き上がれない伸介さんを救急車に乗せて外科病院に搬送してくれたのは通りすがりの見知らぬ人だった。

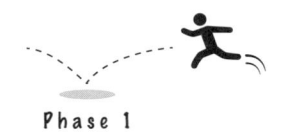

「PCR検査でコロナ陰性が出るまで救急車内で待機させられたり、名古屋の姉と連絡を取って保証人になってもらったりと、入院前の手続きが煩雑で……。本当に緊急状態で救急車で運ばれた人の場合はどうするんだろうって思いました」

いざ手術となると、早朝、姉のもとには院長から手術同意を求める電話がかかってきたそうだ。

「手術が終わってリハビリに入る頃には、一人では立ち上がれないほど足が弱っていました。その後のリハビリも肩が中心で、歩行機能はみるみる衰えてしまった」

入院生活も1カ月を過ぎた頃、母親が入所している施設から「お母様そろそろ危なそうです」という連絡があった。

「母は高齢ですからいつお迎えが来ても不足はないと思っていましたが、自分が動けない状態のいまなのかと焦りました。実は、姉も80歳の夫ががん末期で先のない状態で動けない。なんとか母のもとへ駆け付けたいけど、一人で長距離を移動する自信はありません。弱り目に祟り目とはこのことかと思いましたね」

焦った伸介さんは友人たちに窮状を訴えた。友人のうちの一人が、旅行の付き添いができる看護師を紹介してくれた。

旅行に付き添える看護師に助けられて

「まさに地獄に仏。早速連絡を取ったら、日程さえ合えば車椅子の僕を北海道まで送ることは可能。退院許可が出れば病院まで迎えに来てくれて、自宅経由で羽田から千歳に飛び、母のいる施設まで付き添ってくれるということでした。ご本人はその足で日帰りするとのことでしたが、チケット手配もすべてお任せで助かった」

事前のやりとりはメールと電話だけだったが、友人の知り合いということで不安はなかった。決行は2週間後になってしまったが、母は待っていてくれた。

「着いてから3日後、母は息を引き取りました。どうにかこうにか、息子としての役目を果たすことができて、ほっとしたというのが本心でしょうか。同じ頃姉の夫も亡くなり、そうでなくても少人数の親族がどんどん減ってしまった。次は自分の番だと思うと焦ります」

90代の親を70代の子どもが介護するのが普通の時代になった。伸介さんのようなケースはこれからも増えるのかもしれない。だが、何事も順番どおりとはいかないものだということも覚えておくべきだろう。

お金はかかるが意外に使える介護保険外サービスに注目

看護師・ケアマネジャー
荒木桂子
1964年生まれ、21歳で看護学校を卒業し、病院に勤務。結婚・出産を機に退職、産後1年で地域の総合病院に勤務。訪問看護、ケアマネジャーを経て、現在フリーランスの看護師として活動。

介護保険外サービスも使って望みどおりに暮らす

長寿社会では、高齢の親を高齢の子どもが介護するケースも増えてきます。老々介護が普通になってくると、介護する子どものほうが先に倒れることもありえます。親子で要介護認定を受けることもあるでしょう。ただし、病気やケガで動けなくなったとき、介護保険だけでは十分にフォローしてもらえないことも多いのです。「自分の望みどおり」に近い生活を送るには、介護保険外のサービスも活用しながら、組み立てていく必要があります。

介護保険外サービスは、家事や買い物の代行だけでなく、リハビリ、理容・美容、送迎、見守りなどのほか、旅行支援や趣味などまで幅広く、介護認定されていない人でも利用できる場合が多いものです。

利用料は、基本的に全額自己負担ですが、自治体や社会福祉協議会などで行っている介護保険外サービスは1〜3割負担程度のものもありますので、活用しないともったいない！

犬の散歩や旅行支援もあきらめなくていい

まずは、自治体などの介護保険外サービスから見ていきましょう。

「ちょっと家事を手伝ってほしい」「短期間でいい」ということなら、自治体によっては緊急支援サービスがあります。また、社会福祉協議会による家事支援、民間の家事代行サービスなどが使えます。

東京都港区や江東区では、介護認定されていない高齢者世帯などに、緊急でヘルパーを派遣する制度があります。また、社会福祉協議会の家事支援サービスは、たとえ

【社会福祉協議会】社会福祉活動を推進するための民間組織。詳しくは→**https://www.shakyo.or.jp/**

ば東京都目黒区の場合、家事や外出介助は1時間９００円、電球の取り替えなどの作業は30分５００円で依頼できます（年会費５００円が必要な場合あり）。

自治体、社会福祉協議会の主なサービスは、左表のとおり。内容や利用料は自治体によって異なりますし、行政は「こんなサービスメニューがありますがどうですか？」と提示してはくれないので、健康なうちから、自治体のホームページや広報誌などで調べておきましょう。

一方、民間で使えるサービスは多岐にわたります。料金は高くなりますが、家事代行サービス、ネットスーパー、フードデリバリー、クリーニングの宅配サービスなど、さまざまなサービスがあるので活用して乗り切りましょう。病気やケガをしたからといって、自分の楽しみを手放したくない人も多いはず。公的サービスでは頼めない犬の散歩や、旅行支援などのサービスもあります。こちらも表に入れておきましたが、次々に新しいサービスが出てくるので、折々に確認しておくことが肝要です。

■介護保険外サービスの例

自治体	おむつ配送	おむつを自宅に配送、または購入費を助成
自治体	理容・美容	理容師、美容師の派遣
自治体	配食	食事の配達
自治体	非常通報システム	民間警備会社と提携し、緊急時の通報装置を貸与
自治体	寝具衛生	寝具の丸洗い、乾燥、消毒
社会福祉協議会	家事援助	掃除、洗濯、買い物、食事作りなど
社会福祉協議会	介護援助	外出時や通院の付き添いなど
社会福祉協議会	困りごと支援	電球の取り替え、ベランダの掃除、荷物の整理など
社会福祉協議会	金銭管理	通帳等の保管や預金の出し入れ、病院等への支払いなど
民間企業	家事援助	掃除、洗濯、買い物、食事作りなど
民間企業	介護援助	外出時や通院の付き添いなど
民間企業	フードデリバリー	食事の配達
民間企業	ネットスーパー	スーパーの商品の配送
民間企業	洗濯代行	日常の衣類を洗濯、乾燥、手畳み
民間企業	ペットの世話	ペットの散歩など
民間企業	旅行支援	旅行の支援、介助
民間企業	介護予防フィットネス	介護予防の運動など

事例3

ライフプラン

「いつか施設へ」それまではできるだけ家で暮らす
――マンションを売り、全額使い切ると決めた真希さんの場合

「ウルサイなぁ。だから夫に逃げられるのよ」

茶髪の当時14歳の娘が放った言葉の刃。思春期だからと諦めてきたけど、いまでもその言葉が浮かんできて、真希さんの心が痛む。

娘一家とは疎遠になったまま

娘一家とは年に1回電話があるだけの、遠い関係になってしまっている。娘が12歳のときに夫が家を出て女性のもとへ去ってから、事務機器の卸問屋で事務から梱包までして必死に働き、娘を大学にやり、結婚を祝福し、孫の出産を手伝った。娘は夫の転勤で大阪に行き、そこに定住している。

59歳からは父の認知症が始まり、仕事を縮小して、離婚時に慰謝料代わりにもら

った神奈川県のマンションから、東京都内の父母の家に移り住んだ。その5年後には母がパーキンソン病とレビー小体型認知症を合併して発症、14年間、一人で両親を背負って介護し看取ってきた。「一人娘だからしかたなかったのよ」と真希さんは言う。その間に娘に「手伝いにきて」と頼んだことで言い争いになったことがある。それから娘は東京に帰ってこなくなったのだとか。

真希さんの母親は神経質で、入院はいつも個室だったから、わずかな真希さんの貯金もはたいてしまった。いまでは、自分の貯金まで吐き出すことはなかったのかも、と反省するのだが、父母の唯一の財産である実家にこれから自分が住むのだから、苦しい母の望みに沿うべきだと無我夢中だったのだ。父母を見送ったとき真希さんは73歳になっていた。

自分の人生を振り返るとき、たいして幸せじゃなかったけど、一生懸命、誠実によく生きたと真希さんは満足している。なによりもありがたいことに健康だ。歩くのも速い。

これからは綺麗に死んでいくことを目標にしよう。

遅ればせながらの資金計画

父母の遺した築40年を超える30坪の家に住み、離婚時に自分のものになったマンションは貸し出して、家賃が8万円、年金が8万円、キツキツの生活だけど、100歳まで長生きしても定期収入があるから大丈夫。いま住んでいる家を売るか、貸すかしたら施設にも入れるだろう。

貯金ができず、旅行や観劇など行けないのがつらいけれど、自分は幸せなほうだと思っていた。

しかし、76歳の秋にコロナにかかって、後遺症がひどく、生きがいにしていた傾聴ボランティアを半年も休んでしまって、考えが変わった。

(このまま弱っていき、何かの病気か認知症になってしまって人生を終えるのは嫌だな)

後遺症が抜けたと感じたとき、真希さんは大きな決断をした。

マンションを売って、ケチケチ一人暮らしから脱出するのだ。衰えるまでの限られた時間を、楽しく生きたい。売ったお金で将来の自分の介護も予想してみよう。

とにかく大阪にいるソリの合わない娘は頼らない。

1年間、迷いに迷った。

老化は感じるがまだ普通に動ける。しかしもう2、3年したら80代。もし80代で病気や障がいを得たら、飛行機や新幹線で長く座っているのも無理になるだろう。ボランティア仲間も80代になると辞めていく人が急増する。

行けるときに好きな旅行に行かなくちゃ。父母の介護14年、伊勢神宮もルーブル美術館も行ってないんだから。

売ろう!!

マンションを売ったお金を使い切る

売るのは神奈川県にある小さなマンション。娘が結婚して出ていった後、父母の介護が始まるまでそこに一人で住んでいた。賃貸中のマンションの家賃は月額10万5000円なのだが、修繕積立金が上がって2万円以上になったので、実質の収入は8万円ほど。

ボランティア仲間に「ああ、親の介護で自分の貯金を使うなんて愚かだったわよね〜」とぼやいたら、「それ一番やっちゃいけないこと。親を看取ったあとはすぐに自分の老後問題の時代なんだから」と言いながら、すぐにスマホを操作して、「そこ、いまなら貸借人がいるままで２５００万円ぐらいでも売れるよ。住んでいる家も15万円で貸せる」と言われた。真希さんの頭と心が急速回転した。

おお〜。

少なく見積もってマンションを２３００万円で売って手数料などを引いても、手取りが２２００万円。いま住んでいる家のリフォームに２００万円使っても２０００万円残る。もしも施設に入って、住む家がいらなくなれば、15万円で実家を貸し出して施設費用をまかなうことにしよう。

まずは、施設に入るまでに２０００万円を使い切るプランに取りかかろう。遅ればせながら、真希さんのセカンドライフが始まったようだ。

どう老いるか わからないからこそ ライフプランを 立てる必要がある

ライフプランナー
ケアライフコンサルタント
飯野三紀子
企業でキャリアコンサルタントとして従事する中、介護や看取りを多数経験し介護する側される側の支援開始。(社)介護離職防止対策促進機構理事。相談室開設など生き方支援活動をしている。

自分をリスペクトできる決断を

人生の最後を充実のなかで幸せに過ごす、だれもが望むことです。しかし病気や障がいがあっても、生き生きと働き、ボランティア活動をしている人もいれば、心身とも元気でも「前にはできたのに」と加齢を嘆いて、周囲に当たり散らす人、引きこもりが進みセルフネグレクトに陥る人がいるのも現実です。

老いては子に従え、という言葉が一般的だった80代の高齢者は、受け身の生き方を

良しとして、介護保険も「自分から申請するなんて」と否定的になり、自ら進んで他人の世話になることを遠慮する人も多いものです。

介護施設に入るというときも子の選択に任せて、おとなしく入所して、そこが自分に合わなくてもギリギリまで我慢して、心身を痛めて悲鳴をあげる。

「どうして早く言ってくれなかったの？」と子どもたちに怒られたり、「気づいてあげられなかった」と子どもを傷つけることになったり。マルチの悲劇を起こしてしまいます。

どう老いるかわからないから、プランも立てられない、と思う人のほうが多いでしょう。転倒骨折して車椅子生活になるのか、病気を抱えるのか、先はわからない。だからこそ、なのです。

元気なうちに、「こんなときはこんな病院でこんな治療を受けよう」「できるところまで家で暮らしたい」「いや病院で苦痛を取り除いてもらって逝きたい……」などを含めて考え、ライフプランを立てる。それは人生を総括して、自分をリスペクトする行為になるのです。

ライフプランを他者に表明する

疎遠とはいえ、家族がいる場合は、ソリが合わないと言っても親子は親子、その関係は人生においてとても大切なものです。

ライフプランを家族と話し合うとき、心に届く会話がきっとできるでしょう。ライフプランを立てることが、もっと一般的になれば、みなさん生き生きとしたシニアライフを過ごせるのかもしれません。

自分は何をしたいのか、晩年をどう過ごし、どうこの世を去りたいのか、を考え、他者に相談したり行動したりすることで、心に活力が出てきます。そして家族の思い、自分の思いが理解できてこそ、お互い自立した関係性のもとの生き方になるのだと思います。

事例4

老後資金計画

認知症の母の介護費用が自分の老後資金を圧迫！

――定年間際に計画が狂った修司さんの場合

２０００万円あれば、老後資金は十分だったはずだ。オレが言ったんじゃない。日本の政府が言ったのだ、「必要な老後資金は２０００万円だ」と。それも夫婦で２０００万円なんだから、オレ一人の老後は、２０００万円でおつりが来るはずだった。と思っていた……。

一人暮らしの母が認知症に

オレは、東京に本社を置く一部上場企業の技術職。３カ月後に60歳の定年を迎える予定だが、退職金と預金を合わせてほぼ２０００万円。これなら楽勝だ、と思って、会社の再雇用の話を断った。長いこと働いてきたのだ。もう仕事はしたくない。人に頭を下げながら、３分の１の給与で働くなんてまっぴらごめんだ。趣味の釣りや美術館巡りをしながら余生を送りたい。年金があるんだし、ちょっとぐらいのんびりしながら、好きなことをやったって、罰はあたらないはずだろう。

いまは会社の借り上げ社宅に住んでいるので、定年後は賃貸になるが、一人暮らしだから、狭いマンションで十分。通勤するわけではないから、辺鄙な郊外でいい。ベランダでトマトでも育てて晴耕雨読。そんな、自由気まま、悠々自適な一人暮らしの老後を描いていたオレだった。ところが……。

郷里の秋田県のサ高住（サービス付き高齢者向け住宅）に一人で暮らすおふくろ（83歳）に異変を感じたのは、1年前のことだ。「親戚の和夫さんの七回忌だけどね。いくら包んだらよいのかね」と三度も電話してきたのだ。そのときは、「あれ？　変だな」と違和感をもった程度だった。

それから程なくして、おふくろはさまざまなトラブルを起こすようになる。財布を持たずにタクシーに乗り、運転手と揉める。銀行の窓口でバッグの中の印鑑を探せず、パニックになる。隣の居住者を泥棒だと罵る……。その頃は仕事がめちゃくちゃ忙しかったのだが、なんとかスケジュールを調整して秋田に帰り、おふくろを病院に連れていくと、軽度の認知症と診断された。そうかもしれないと思ってはいたのだが、医師から告げられたときはさすがにショックだった。

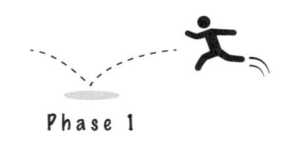

おふくろが暮らすサ高住は、認知症の利用者の対応はしていない。ここで一人暮らしを続けるのは無理との判断から、施設長から有料老人ホームやグループホームを探すよう通告された。とはいえ、サラリーマンである間は、頻繁に帰省することはできない。見かねた秋田市内に住む従妹（いとこ）の聡美ちゃんが、介護施設探しを手伝ってくれることになった。

が、これが難航した。いくつか見学してもらったものの、利用料の手頃な施設は、人手が足りていないのかケアが不十分。オレとしてはおふくろの年金で足りる施設がよかったんだが、「あんな老人ホームに入れたら、おばさんがかわいそう」と、電話の向こうの聡美ちゃんの不満が伝わってきてとてもそんなことは言えない。

熱心に探してくれた末に決まった施設は、利用料が高額で、おふくろの年金では毎月5万円ほど足りなかった。

おふくろの蓄えでは足りない

オレは、3歳のときに父親を事故で亡くしている。おふくろは秋田市内にある祖父母の家に身を寄せ、運送会社で事務の仕事をしながら、オレを育ててくれた。その後、祖父母が相次いで他界。オレは東京の大学に進み、卒業後も秋田に戻ることはなかったので、おふくろは10年ほど前に先祖代々の墓じまいをしたうえで、祖父母の家を売却。息子の世話にはなりたくないからと、自ら探したサ高住に転居した。

親子といえど、長い間別々に暮らしていたら、預金がいくらあるか、財産がどうなっているのかなんてわからない。家を売ったのだから、いくらかの蓄えがあるだろうと思っていたのだが、銀行預金の残高はあと50万円ほどしかなかった。毎月の不足分を、おふくろの預金で補うとしても、あと1年もつかどうか……。

その預金が尽きたら、オレが支払わざるを得ない。定年後は晴耕雨読、そんな夢は一瞬でついえたのだった。

元妻からの借金申し込み

さらに、最近になってもう一つ、金の問題が持ち上がった。別れた元妻から、病気になったので手術費を200万円貸してくれないか、と頼まれたのだ。健康保険が利かない治療を受けるためだという。元妻は、両親や姉が他界しているので、オ

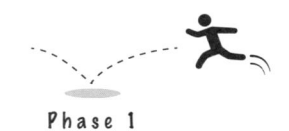

レ以外に頼れる人はいない（はずだ）。治療費の支払いに困っていると言われて断ることができるヤツはいないだろう。でも回復後にフルタイムで働けるような年齢ではないし、返済は期待できない。あげると思って貸すしかないのだ、２００万円。思い描いていた退職後の計画など泡と消え、自分の老後資金が足りなくなるのでは、という不安が頭の中をぐるぐる回る。

しかし、認知症のおふくろは、施設を移った当初は混乱していたものの、いまは慣れて、穏やかに暮らしている。時々見舞ってくれている従妹の聡美ちゃんからは、「おばさん、友達ができて、楽しく過ごしているらしいよ」との報告をもらった。

おやじが早くに亡くなって、苦労しながら育ててくれたので、穏やかに笑顔で長生きしてほしいとは思っている。でも、おふくろにかかる毎月の費用を考えると、正直なところ、暗澹たる気持ちになることも多い。あと10年なのか、ことによると20年なのか。オレが先に逝くことだってあるじゃないか。そもそも自分が死ぬまでに金が足りるのだろうか。

自分の計算が甘かった。老後資金２０００万円あれば大丈夫と言ったのは誰だ。とりあえず、仕事探しでもするか……と考えながら、ため息がもれる毎日だ。

老後2000万円に惑わされないでマネープランは自分軸で立てよう

ファイナンシャルプランナー
宅地建物取引士
介護事務管理士

柴本美佐代

「一般社団法人らふ」理事、「日本エルダーライフ協会」代表、「介護者のための資格『お節介士』認定講座」講師、「老後資金と介護に関するセミナー『いのちとお金の備え塾』」講師。

そもそも幻の試算

年金生活に入る老後に、現役時代と変わらない生活を送るためには２０００万円の資金が必要という試算を金融庁が報告したのは２０１９年のことでした。１カ月の平均消費額から平均の年金額を引くと、毎月５万円が不足する。１年で60万円、30年生きるとして１８００万円不足というものです。どこにもいない平均的な人の幻の生活をもとに積算したもので、〈予測〉にも値しないものでした。円安・物価高の時代には、「いやいや2000万円では足りない。4000万円は必要だ」などといわれています。

金融庁の報告の主旨は「長い老後を預金を崩して暮らすのではなく、アクティブな資産形成をすべし」というものでした。2000万円、4000万円の数字に惑わされないで、自分の経済面での老後設計を主体的に自分軸で考えようということです。ましてや、「2000万円ないから老後はまっ暗だ」と落ち込む必要もありません。自分の老後のために、自分に何ができるかをアクティブに考える契機にしてください。まずは、自分の資産、資源の棚卸をしてみましょう。

マネープランの立て方

マネープランは現在の年齢を起点として、比較的予測しやすい収入を明確にすることから始めます。年金や就労所得、配当、預金や保険の満期金、家賃収入など種類別の金額です。

支出は、生活費（食費・光熱費・日用品費）、健康保険料・介護保険料、所得税や固定資産税などの非消費支出、医療費・介護費、雑費は旅行やお祝い事など。

保険や投資は支出となる時期と収入として受け取る時期を決めます。イベントや変化の原因となる要素を書き込み、１００歳まで作ります。自分だけでなく、子どもや孫や信頼する友人など関係者の年齢も加えましょう。

マネープランは収支のバランスを見るために作ります。どの時点でお金が足りなくなるか予想がつけば対策を立て、逆に使い切りたいなら生活費だけ残して早めに使うなど考えられます。

次ページの図は60歳時点からの女性のマネープランの例です。公的年金は年額１１０万円で、非課税世帯です。働ける間は無理なく働いて老後に備え、要介護度が重くなった時点で介護施設に入所し、自宅はその時点で処分しますが売却益は考慮しません。老後資金は働ける間に少しずつ保険と投資で備えます。公的な介護施設は収入に応じた利用料なので、収支のバランスが取れます。

■一人暮らし女性のマネープラン（88歳施設入所の例）

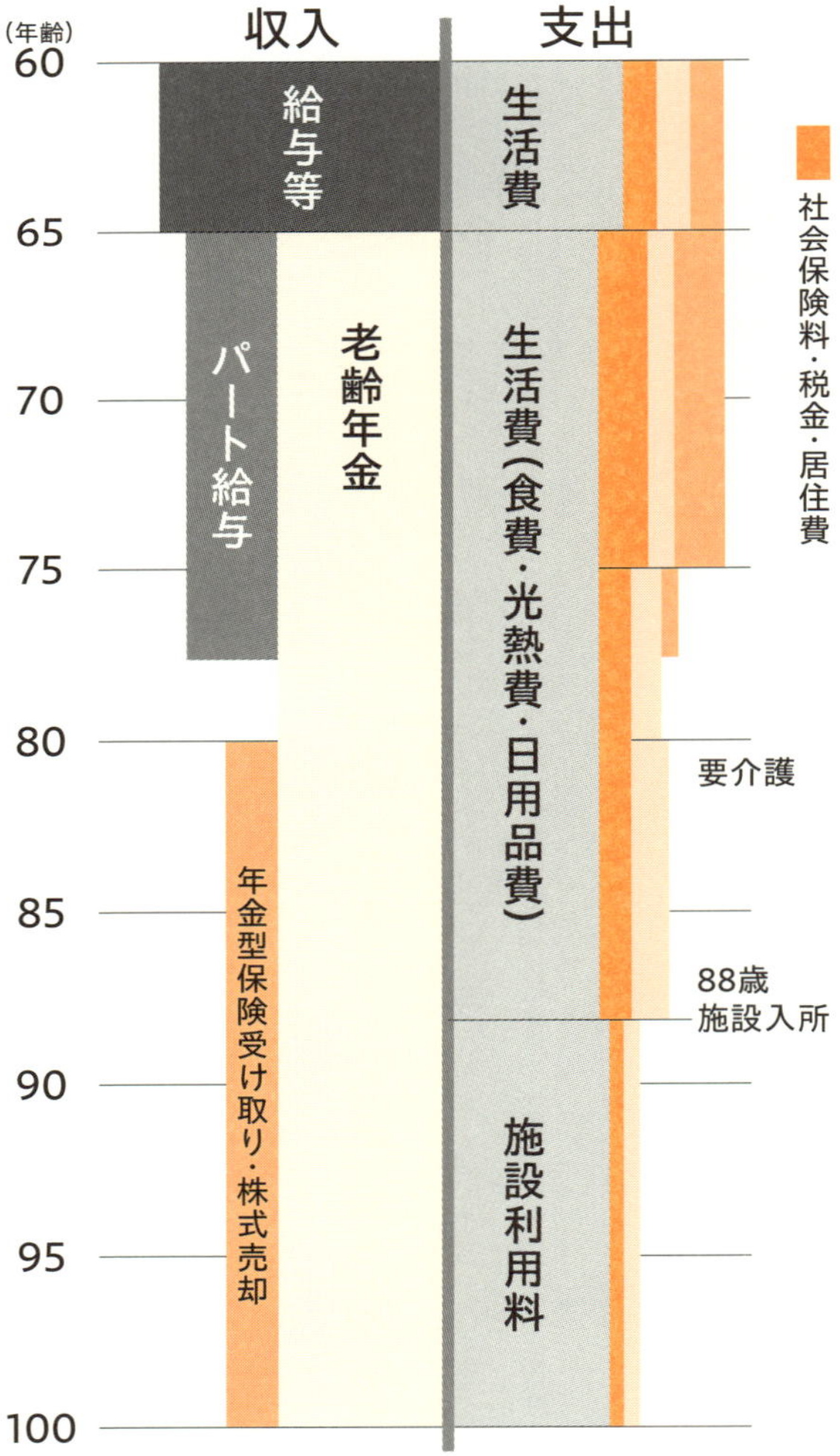

Column

家族介護とマイナカード

家族は介護のインフラ？

日本社会では、家族は社会保障の最後の砦。しかし、介護を担う家族の存在が大きな社会資源になっていた時代は終わり、「介護離職」「遠距離介護」「老々介護」に加えて、老親が障がいのある子どもの介護をする「老障介護」など、家族介護にまつわる困難が増え続けている。

家族による介護に過度に依存せず、介護者の社会的孤立を防ぐためにできたのが「介護保険制度」だ。

家族介護を前提にすると、家族のいない人や、身寄りのない独居高齢者が要介護になったときの不安は大きい。家族がいてもいなくても要介護状態になったら制度を利用するのは当然の権利。介護保険制度はおひとりさまの不安を軽減する機能をもっているはずなのだ。

個人主義のマイナカード？

一方、家族主義を前提にせず、個人をダイレクトに行政サービスにつなげようという施策が、個人にナンバーを付けてデータベース化するマイナンバー制度。家族介護に寄りかからず、個人を直接サポートするのかと思いきや、そうとも言えないようだ。

日本もやっと家族主義を脱したかに見えて、戸籍制度は残したままだから、なんとも中途半端ではある。その制度設計のままカード化した身分証がマイナンバーカードだから、中身はただの戸籍簿のまま。

そこで国はなんとか使い道を広げようと、健康保険証や介護保険証、運転免許証、口座情報などを紐づけてサービスの効率化を図ろうとしているようだが、いずれも支障が多く、浸透までの道は遠い。時代遅れのマイナンバーカードは制度設計からやり直すべきというのは、経営コンサルタントの大前研一氏の提言（『週刊ポスト』「ビジネス新大陸」の歩き方2023.7.25ほか）だ。

事例5

実家の後始末

苦節10年、頼みの綱の妹が倒れ実家の維持はもう無理！

——不動産売却プロジェクトを敢行した和子さんの場合

94歳の母を見送った10年前、実家の山、畑、150坪の宅地のほかに100坪の分譲用宅地もすべてを相続した和子さん（78歳）。不動産のほかには数百万円の預金があるだけ。これが、明治から4代150年続いた実家の総財産だった。相続人は和子さんと妹の明子さん（72歳）の二人姉妹。共同名義も考えたが、明子さんの「すべてお姉ちゃんに任せる」という言葉で和子さんは覚悟を決めたという。

相続はしたものの持て余す実家

それでも、分譲用として母が造成していた宅地は2年以内に500万円で売れた。こちらの現金は妹と折半したが、実家の後始末を考えたら残った資金でいつまで維持できるか、和子さんは不安だった。

中国地方の山間にある実家は、決して便利な場所にあるわけではないが、年に一度は妹家族が別荘代わりに利用したり、法事や墓参りのたびに親戚が集まる場所として重宝してきた。

「それもコロナ禍前まででした。母が存命中から水回りや建具の修繕、リフォームはやっていましたが、なんせ築90年。家は何かと不具合を起こします。畳替えやふすまの張り替え時期を迎えて、その都度100万円単位で出金が続き、固定資産税や電気、ガスも維持しておこうと思うと、年単位で出費もかさみました。いつまで維持すべきか悩ましい。妹と二人で何回か通ってぼちぼち遺品整理はしていましたが、ここ3、4年は訪れる人もなく、私も年をとって月に一度の実家通いも間遠になっていきました」

売却か賃貸か、空き家のままでいいのか

人が住まない家屋はあっという間に劣化していく。留守を頼んでいた近所の人から「瓦がずれてるよ」とか「裏の木戸が壊れているみたい」「土蔵の壁が落ちている」などご注進が入ると、近所の人も不安なんだと申し訳なく思えてくる。万一、不審

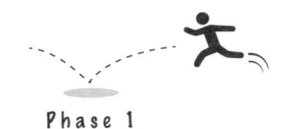

者でも入り込み、火事でも起きたら……と気が重い日が続いた。そんなとき、妹が倒れたという知らせが届く。

「私の長男は外国暮らしで帰ってくる気配がありません。娘は、『お母さんの代でなんとかしてよ！　私は相続しないからね』と言い放ちます。妹まで倒れ、万事休すだと思いました。以来、実家の家屋だけではなく、山や畑やお墓の映像が重苦しくのしかかってくるようで、コロナ禍のうつうつとした気分と合わさって寝込みそうになりました。私自身、相続したときは60代でまだ元気がありましたが、後期高齢者ともなると体力も落ちていく一方で、片道1時間半の実家までのドライブもおっくうになってきましたから、もう無理！って」

火事場の馬鹿力で売却活動開始

実家を守るのは母の遺言でもあった。「蔵の中のものを分散するべからず！」というのもあった。

「蔵の中も初めて見てみましたが、曾祖母や祖母のタンス類と漆器、塗り物、食器の類。どこかの料理屋に持っていこうかと思ったけど、需要もなければ走り回る元気もありません。お宝や金塊があるわけでもなく（笑）、あとは母の着物くらいかな。昔の感覚ですから、財産と呼べるようなものでもありません。母の気持ちは尊重したいけど、縛られるものでもありませんからね。妹もほとんど興味がないようで、もうわかった！　私の好きにすると吹っ切れました」

売却すると決めたらまっしぐらの和子さん。半分は腹立ち紛れだったかもしれないと振り返る。まずは地元の不動産屋に査定してもらい、「売却は難しい」という返事をもらう。次は自治体が扱っている空き家バンクで売却と賃貸の両面で探してもらうが、買い手は見つからず、賃貸に出すにも遺品の整理に最低２００万円はかかるとのこと。

怒りが頂点に達したとき、話を聞いてくれる不動産屋が見つかった。

「賃貸ではいつまでも管理責任は残るし、家だけを売却しても仕方ないので、売却の条件は、山や農地や納屋も蔵もすべてまとめて名義変更することにしました。その代わり、金額はお任せ」

別棟を撤去する費用、家の中の遺品を整理する費用と相殺できればいいということで不動産屋さんと交渉したところ、引き受けてもらえたという。

【空き家バンク】自治体や民間企業が運営する空き家の情報提供システム。売買、賃貸のマッチングを行う。

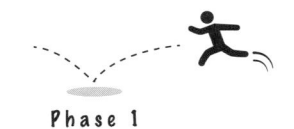

「妹がお墓だけは残そうというので、裏山の墓地だけは残すことにしました。石塔だけで5基も建っている墓地をどこかに移しても意味がない。１００年も経てば、元の山に戻るんじゃないのという妹の意見に負けました（笑）」

まずは骨董屋を呼び、ぼろぼろの掛け軸や昭和初期の調度品、着物、花瓶、座卓などを引き取ってもらった。売上総額は50万円。一切合切の売却額は３００万円。あとの荷物を廃棄する費用が２００万円。いまにも倒れそうな納屋の撤去に１００万円。半年掛かりの実家売却プロジェクトで手元に50万円が残った。

「火事場の馬鹿力というか、怒りにまかせてえいやっと動かないと、実家の始末はできないものですね。だれからも見離された実家は哀れだとも思いますが、私にとっては心のくびきがとれたような爽快な気分。究極の断捨離ですね」

継承者のいない空き家、耕作者のいない農地、地主不明の荒れる山林……。流通に値しない不動産は人口が減少する日本の社会問題だ。面倒なことは後回しにしているうちに寿命が尽きるケースもありそうだ。

「先延ばし」は厳禁 体力、気力のあるうちに情報収集と決断を

不動産コンサルタント

立川久雄

大学卒業後、大手不動産会社勤務、その後、生命保険会社営業所長を経て独立。現在は不動産と生命保険で学んだことをベースに主に高齢者に向けた不動産コンサルティングを行っている。

所有者不明の空き家は社会問題

都市部、地方を含め利活用できない空き家が900万戸（2023年10月・総務省調査速報値）に上ります。相続によって実家を所有したものの、売却も賃貸もできず、継承者もおらず、所有者自身が年老いて家の手入れもままならなくなります。そのうち、登記上の所有者が死亡し、相続が進むと、子ども・孫など所有者が増え、さらには配偶者の親族など権利関係が複雑になっていき、会ったこともない人同士が所有者

になってくる。こうなると、所有責任を果たす人がいなくなり、行政から対応を求められても改善されずに、最後は行政による代執行が行われ、建物を解体し、土地が差し押さえられることになります。相続の際、不動産を分割するのが難しいので、とりあえず「共有名義」にしておいて、後で考えようというのが最も危険です。

２０２４年4月1日から、相続登記の申請が義務化されました。「相続が発生し不動産を取得したことを知った日から3年以内に相続登記の申請をすることを義務付ける」というもので、正当な理由なく申請を怠った場合、10万円以下の過料が科されます。かつては、相続がうまくいかず、祖父名義の実家に住み続けるといった事例もありましたが、それはもうできません。登記の義務化で、放置される空き家リスクを少しでも減らし、「所有者不明土地」をなくそうということでしょう。

継承者のいない実家や別荘を放置して良いことは一つもありません。建物が倒壊したり、野生動物が棲みついたり、ゴミが投棄されたりと近隣の環境を害するだけでなく、「改正空き家対策特別措置法」によって、適正に管理されていない空き家は、更地にしなくても固定資産税の軽減が受けられなくなりましたから、所有しているだけでお金もかかります。

空き家対策は大プロジェクト

相続した実家をいかに利活用するかは大仕事です。「賃貸に出す」「売却する」「建物を活用して事業をする」など、まず早めに方向性を決めてください。育った家、両親が慈しんだ庭など、情が絡む物件ですから、一筋縄ではいきません。それでも事業をするにはマーケティングが必要です。早めに、相談相手として不動産屋、不動産コンサルタントなど専門家とコンタクトをとり、客観的な不動産価値を知っておくことも必要です。

賃貸に出そうとしても、売却しようとしても、うまくいくとは限りません。市場価値のない物件であれば時間も手間もかかります。民間事業者では収益につながらないので扱いにくいという物件もあります。そんなときは、所在地の行政窓口で「空き家バンク」などに登録しておきましょう。

時間はあっという間に過ぎていきます。まずは、体力、気力のあるうちに動きだすことを肝に銘じてください。

事例6

老いと向き合う

指導者の矜持が老いの認識を妨げ、骨折して神経痛に

——友人の指摘でようやく目が覚めた倫子さんの場合

母も叔母も私立の学校長で、いつもスーツに革靴で85歳までしっかりしていた。二人ともすでに亡いが、朝になったらベッドの中で亡くなっていたというピンピンコロリで、なんとなく私もそうなるものと信じていたところがある。

70歳からスマホの使い方の指導者に

私は教育者にはならなかったけれど、大企業の経理で65歳まで働き、70歳まで嘱託で会社に通っていた。コンピュータなども得意。独身を通している。

嘱託も終わったので、一人暮らしの自宅を開放して「スマホカフェ」を開き、ボランティア価格で高齢者にスマートフォンの使い方指導をすることにした。けっこう繁盛している。福祉関係の団体に呼ばれて講演や授業をしたりもする。

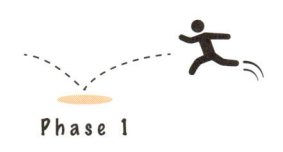

カフェのおかげで地域の友達ができて、旅行だ、研修だ、講演だと楽しく忙しく過ごしていたが、75歳を超えると足のつり、腰痛、膝痛など出てきて、歩きにくくなっていった。整形外科、鍼灸、整体、マッサージとあらゆるものに通ったが、痛みは取れない。

動けなくなったときなどは、カフェの常連で近所のはま子さん（70歳）が食事の差し入れ、ゴミ出しなどしてくれる。そんなとき、「介護保険使ってみれば？　要支援で手すりつけてもらうだけでも楽よ」と言ってくれるが、「大丈夫よ、まだまだ」と気にもしなかった。

なんでそんな年寄りじみたこと言うのかしら。私は頭がはっきりしてるからスマホの先生をしているのに、介護保険のお世話になったら、先生の権威も何もなくなっちゃうじゃないの。

そう思ってなんとか凌いでいたが、家の玄関で転び、足首を骨折。手術が必要ということで3週間の入院となった。

同じ部屋には大腿骨骨折で入院している女性が二人いて、1カ月寝ていると、筋肉がみるみる衰え、立つのも困難になるのを目の前に見た。

それよりも驚いたのは、その女性たちがやれ腹巻だ、毛布だ、毛布じゃなくてレッグウォーマーだと騒いでいること。医師に頼みもせずに、「陀羅尼助丸（だらにすけがん）」や「ういろう」など古い漢方薬を家族に運ばせて、こっそり飲んでいることだった。

いや～年寄りくさいなあ、と見ていたが、自分はああはなるまい、ぐらいに思っていた。

「自分の老化を受け入れなさい！」

手術の経過も順調で退院、リハビリに通うことになったが、相変わらず足腰の痛みが消えず、はま子さんに力仕事や買い物を頼むことが多くなった。そんな冬の日、「ここ寒くない？」と、はま子さんが聞いた。

「あらそう？　私は特に寒いと感じないけれど」

「カフェのみんなはいつも寒い、寒いって言ってるのよ」

「あら～、だからみなさん厚着なのね。気がつかなかった」

「ね、この間、公民館の講義で年寄りは全館暖房がいいって言ってたじゃない？　専門家にみてもらいましょうよ」

と、はま子さんが提案。福祉に詳しい建築士を連れてきた。その人は「トイレと風呂の仕切りをなくして、家全体を断熱工事すれば全館暖房に近くなる」と教えてくれた。

その頃、はま子さんの夫が入院。こちらの世話はできなくなったという。はま子さんはキリリと座り直して、「思い切って言うわね」と切り出した。

「ババくさいからとタイツも、おばさんズボンも履かないわよね。冷えているから神経痛になるんじゃないかしら？　自分の老化は受け入れないといけないわよ」

ハッとした。

一瞬でわかった。はま子さんに頼りすぎていたし、私、ええカッコしぃ、だった。みんなが寒いと言うのに、そうは感じないのは、老化で感覚が鈍っているのかもしれない。

うなだれていると、はま子さんはさらに強い口調で続けた。

「ここが正念場よ。リハビリがうまくいかないと大変なんだからね。いまのうちに介護申請して手すりをつけてもらいましょうよ」

そうか、私は障がいを負った老人なんだわ、介護保険を使ってはま子さんを解放してあげなくちゃ。

タクシーで地域包括支援センターに行き、介護の相談と申請をしてケアマネも決まり、要支援2となった。ヘルパーが通ってくれて、人に世話になる暮らしが始まった。最初は気恥ずかしかったけれど、しばらくすると安心感が定着した。「ああこういうものなのね」と納得。

その頃、叔父が亡くなり、思いがけなく遺産が入った。

「スマホカフェ」に来るのは高齢者ばかりだから、みなさんの健康と安全のためにも、改築しよう。そこで例の建築士に来てもらい、全館暖房の工事をしてもらった。

カフェの仲間に、冷え性対策のコツを伝授してもらうと、出るわ出るわ、風呂の入り方、マッサージの仕方、使い捨てカイロの入れ方、下着や靴下の工夫、寝るときの布団・アンカの選択法まで。

いままでのストッキングにスカートはやめて、おばさんズボンにスニーカーになった。生徒や仲間たちは、「実はね、いつもスカートにストッキングなんて、冷えないかしら。大丈夫かしらと思っていたのよ」と笑う。一気にみんなとの距離が縮まった。

リハビリが終わる頃には、工事も終わり、家の中の温度は一定になり、おばさんスタイルで温めているせいか、神経痛も軽くなっていった。

気持ちの変化が手繰り寄せた思わぬ展開

隣接したアパートの持ち主が3年前に亡くなり、住む人もいなくなって老朽化が進んでいたが、そこをこの家とつないでグループホームにしないか、と行政のほうから話がきた。実は「スマホカフェ」の仲間に老人ホームの経営者がいて、行政に話を持ち込んだら、行政側も隣の相続人を探し出し、「空き家対策」で何かに転用できないかと相続人と交渉している最中なのだという。

以前は認知症だけにはならないと、漠然と信じていた。でもいまは、85歳では半分ぐらいは認知症という事実も、受け入れていかなきゃ、と思うようになった。

ここで仲間と一生過ごせればいいなあ。

私はここがグループホームになることを期待している。

相手のためにも自分のためにも老年期心理を知っておこう

精神科医
水野智之
1988年、東京大学医学部医学科卒業、1997年、同大学院医学科研究科修了、医学博士。虎の門病院等での勤務を経て、2017年東京都練馬区で江古田みずのクリニック開院。精神保健指定医。

老化を否認する心理がはたらく

私たちは、日々、過去の自分と向き合い、明日の自分を心配して生きています。

「いいアドバイスをいただいて助かりました」と感謝されれば、一日、気分が爽快でいられますし、コンビニで支払いに戸惑って、列の後ろの若者に睨まれると、しばらく気分が沈んでしまいます。

高齢者とは、経験を積んで、何事にも動じず、穏やかに暮らす、というイメージがありますが、それはあくまで理想像。そうでなくても普通で、その日の体調によって、気分の浮き沈みが大きくなる方のほうが多いのです。むしろ高齢者は繊細で感じやすいと思ったほうがいいのです。

自分の老化を認めて、それでも上機嫌でいられるというのは実は難しいことです。誰にも、自分の老化を認めたくない、という否認の心理がはたらきます。事例6の倫子さんは母や叔母の生き方から自分に刷り込まれた「理想の老人像」があり、そこに、体の冷えも感じさせないような強い思い込みがあったのだと推察されます。

足の骨折を契機にして、上手に気持ちを切り替えられました。

社会的な活動「スマホカフェ」をされていて、よい友人たちに恵まれたことが大きいと思います。それに遺産が入るという幸運で、快適な室内温度環境を手に入れたことがラッキーでした。

ここで一般的な高齢者心理についてお話ししておきましょう。

老年期の心は複雑に変化する

体力とともに気力が衰え、未来が限られているという孤独感と無力感を感じるのが

高齢者の心です。個人の内面には、孤独感、無力感と、何かで人の役に立ちたい、生きがいや、やりがいを感じたい、という承認要求と成長要求があるのが普通です。こういう心理は混じり合って複雑に変化します。

役割や評価されることがなくなり、自尊感情が傷ついたままでいると、老人性うつにかかりやすくなります。認知症と誤解されることも多く、その見極めは難しいものです。

脳も老化していき、我慢したり感情を制御する役目の前頭葉も衰えるので、優しく涙もろくなる方や、頑固に怒りっぽくなったりする方がいます。

年を重ねることのいい面は、積み重ねてきた経験と知識で物事を解釈し、危機でも動じないという、どっしりした生き方ができることです。

このプラス面を味方につけ、「日々是好日（充実感）」で自分にも人にも優しく穏やかに過ごす方、人生で必要な役割を終えたという実感（充実感とは限らない）のもと、社会に奉仕していきたいという気持ちが出てくる方もいます。

ボランティアや趣味の会、町会や老人会の活動に参加すると、社会と人々への役に立っているという、自尊感情を保つことができます。これは心身の健康によい循環をもたらします。

一方、心が老化のマイナス面にばかり向いて、殻に「閉じこもる」人々もいます。外に出ないと体力も衰え、認知症状を増長させます。

こういう傾向が表に表れるとしても、高齢者の心理は、単純に分類できるものではなく、認知症や老化の予防が①運動、②栄養、③社会性といわれるのは、体調を整えるとともに、自尊感情を常に保つことの大切さを表しています。

最後に三つの提案です。

●高齢になっても脳は成長していくということがわかっています。希望をもって好きな活動をして脳を活性化していただきたい。

●医学の発達で人生１００年時代ですから、好きなことを見つけて活動し、毎日の運動（歩くことが大切）を心がけていただきたい。

●高齢者は自分の心や体の変化を自覚して、衣食住全般で、自分で自分を労る努力をしていきましょう。

介護は年齢順とは限らない

民江さん（89歳）の長男は、3年前、脳梗塞で倒れた。発症当時62歳。弁護士で自慢の息子だったが、離婚し、倒れたときは一人暮らしで発見が遅れた。そのため半身に麻痺が残り、車椅子生活に。

介護できる人が民江さんしかおらず、逆老々介護生活となった。エリート長男は、日常生活もままならない自分を受け入れられず、民江さんに当たり散らしたが、ひたすら耐えて支えた。ところが最近、民江さんが転倒して右腕を骨折、介護ができなくなった。見かねた次男の妻が二人のために探してきたのは、別々の老人介護施設。「お義母さん、もう頑張らなくていいんじゃない」という嫁の一言で、介護をしなくてはという気持ちが折れたという。さみしいけれど、ホッとしているというのが正直なところだそうだ。

元気でも安否確認し合おう

義則さん（63歳）はマンションで元気に一人で暮らしていた。が、異臭の通報！　警察官が鍵を壊して入室し、義則さんの腐乱死体を発見した。死後数カ月とみられたが、死因は不明。後日、友人たちが開いた追悼会で「電話したが出なかった」と言った人が3人いた。

あなたには、定期的に安否確認を取り合う相手がいる？

逝くのが1年早いよ！

父親が亡くなり、死後の手続きに苦労した茂さん(61歳)。同窓会の席で、銀行の支店長だった友人に、引っ越しを繰り返した父親の戸籍を辿るのが大変だったと愚痴ると、「いいこと教えてやろうか。戸籍は有効期限がないから、生前に揃えておけば遺族が慌てなくて済むんだ。オレの戸籍は、娘が苦労しないように、もう準備してあるんだよ」と言われた。へー、そんな手があるのか、知ってたらもう少し楽だったのに。「ただし、2024年から制度が変わって、近所の役所で一括で取れるようになったんだ」とのこと。父親があと1年長生きしてくれていたらと、恨めしく思った茂さんだった。

「相続は争族」は真実

母が亡くなって、兄と相続で揉めました。兄は実家と預金のほとんどを相続するつもりで、私には株券、債券1000万円相当を渡すから分割協議に応じろと言ってきました。兄の勝手な頭ごなしの言い分に納得できなかったので、完全2等分を主張することに。弁護士さんを頼んで、法定相続分を要求。公証役場に出向いて遺産分割の公正証書をつくり折半で解決しましたが、兄一家とは決裂し、私はうつ状態に陥っています。　(由紀・58歳・無職)

【公正証書】

個人や法人の依頼に基づき、公務員である公証人が作成する公文書。

詳しくは→**https://www.moj.go.jp/MINJI/minji30.html**

使える！「生存確認LINE」

一人暮らしは快適ですが、唯一の気がかりはもし倒れて動けなくなったとき、誰にも発見されずにそのままあっちの世界に逝く羽目にならないかということ。最近、そんな話が私の周りでけっこう飛び交っています。そこで顔見知りの9人と、生存確認のためのLINEを始めました。決まり事は毎日必ず1回アクセスするだけ。それで生存が確認されます。文字打ちが面倒ならスタンプ1個でもOK。丸1日アクセスがなかったら登録の緊急連絡先に確認します。こんなことでも一安心。それになんとなく寂しいなと思ったときにLINEを開くと、みんなと繋がっていることが嬉しいです。　（慧・68歳・自由業）

断捨離で目が眩む

65歳で定年退職した良太郎さん。暇になったので断捨離を始めた。高校時代から集めた記念硬貨やメダル、切手、LPレコードなどをリサイクルショップに持ち込んだが、値段がついたのは1970年の大阪万博で買ったメダルだけで、2000円だった。「他のものはタダでいいから全部引き取ってくれないか」と店主に言うと、「お客さん、記念硬貨はお金なんですよ。銀行で現在の硬貨と交換してくれます。切手は郵便物にそのまま貼って使えばいいんですよ。もったいないことしちゃいけません」と説教された。断捨離をしていると捨てることばかりに気が向くなあと、反省した良太郎さんであった。

Phase1の乗り切り方

介護保険制度を破綻させない

保険料は払っているものの、医療保険制度ほど介護保険制度の仕組みを理解している人は多くないかもしれません。親の介護に携わるのは、制度の使い勝手や利点、限界を理解するチャンスです。いつか自分が介護サービスを受ける立場になったときのために、制度のありようを知ろうという意識をもって親の介護にあたりましょう。

介護保険制度は、それまで個々の家庭に任されていた高齢者介護を、社会全体で受け止めようという画期的な制度です。当初は制度の意義がなかなか理解されず、専門研修を受けたホームヘルパーをお手伝いさん扱いしたり、他人が家に入るのを嫌がったりしたものですが、いまでは、ヘルパーなしでは在宅介護は成り立たなくなっています。

一方で、介護業界は低賃金と人手不足で崩壊寸前。3年に一度の介護報酬改定（2024年）では、訪問介護の基本報酬が大きく引き下げられました。物価高も相まって事業継続を断念した事業者も多く、介護を必要とする人が必要なときにサービスを受けられない事態が生じています。親の介護に直面しているいまだからこそ、正しく制度を理解し、正当にサービスを利用し、当事者として使い勝手の良い制度にしていけるよう心がけることが肝要です。そのことが、次世代の利用者のため、自分のためになるのです。

制度外のサービスを活用する

要介護認定を受けて介護サービスを受け始めると、制度に沿ったサービスと、利用者の要求が乖離することもあります。生活援助は介護度に応じて限度額が決まるので、その範囲内でできることと、できないことがあります。利用者は「庭の草取りをしてほしい」とか、「美容院に付き添ってほしい」「遠方の墓参りに行きたい」など生活面で支援してほしいことがたくさんありますが、ヘルパーは制度外のサービスの提供はできません。そんなとき、利用者本人でも子ども世代でも「介護保険制度は役に立たない」と不満をため込むのではなく、「制度外のサービスをご存じないですか?」とケアマネジャーに聞いてみましょう。担当のケアマネジャーが情報不足のようなら、別のケアマネに代わってもらいます。

制度の中で委縮して我慢するのではなく、親にとって必要な支援をしてくれる行政機関、NPO組織、ボランティア、事業者を探すことも、親の要介護生活を整える秘訣です。そのときの強い味方がケアマネジャーでもあるわけです。

専門家と〝友人〟になろう

困ったときの相談先をつくっておくこともこの時期のポイントです。親の介護で出会ったケアマネさん、介護士さん、専門職の人、医療関係者、リハビリの先生、相続でお世話になった弁護士さんや司法書士さん、申告を手伝ってもらった税理士さん……、親の介護が終わったらお役御免ではもったいない。気の合う人がいたら、末永くお付き合いしてほしい。肝要なのは、助けてもらう、教わる、頼る関係を固定しないで、あくまで平等な関係をつくることです。人生後半期に必要な情報、知識をもたらしてくれる新しい世界観との出会いを堪能しましょう。

体力気力のあるうちに行動開始

Ｐｈａｓｅ１の時期は、老いを感じるとはいえまだまだ元気。この時期に着手しておきたいことは、身辺整理、断捨離です。生前整理には思いのほか、気力が必要です。「そのうち」「手が空いたら」「いつか」という先延ばし心理は最大のバリア。相続した実家を空き家のまま放置しないためにも、先手、先手の対策が必要です。いずれも一大プロジェクトですから、体力、気力、経済力のあるこの時期にこそ行動を起こしましょう。

Phase 1

ここがポイント!!

- 親の介護は、家族で抱え込まない。
- 相続した不動産の後始末を先延ばしにしない。

Phase 2

弱ったときのリカバリー

〈自分介護〉スタート

仕事をリタイアして、子育ても卒業して
自由気ままな老後を迎えようかという矢先、
突然の病で入院したり先行きが不安になったり。
「まさか自分がこんな目に遭うとは」と嘆くことも
人生には付きものです。
Phase 2のバリアはそんな「まさか」です。
元気がなくなってきた、弱ってきたなと思ったら
〈自分介護〉の意識をもって
リカバリーしていきましょう。

がん闘病の落とし穴

「トンデモ医療」に固執し、大金をつぎ込む妹を救いたい

——長期間の説得に疲弊する姉・瞳さんの場合

「自己免疫療法に３００万円かけるの？　最初の告知からもう5年になるでしょ。緑ちゃん、そんなことしてたら、がん難民になっちゃうわよ!!」

「いまさら抗がん剤治療をしろと言うの？　絶対にイヤ」

「医学の発達は日進月歩で、抗がん剤にも、もうひどい副作用はないそうよ」

「現実は違うの!!　姉さんも製薬会社のワナにはまってるのよ。これは生き方の問題なの」

電話はいきなり切れた。

うるさがられて着信拒否に

茫然としたのは瞳さん（72歳）だ。妹の緑さん（70歳）と5年にわたって、不毛な会話を続けている。頭脳明晰と讃えられて育ったせいか、自分の信念を曲げず、柔軟な思考ができない妹。相手の立場に立って考えられず自説を押し通すばかりなので、元夫とも娘とも衝突を繰り返し、ついに拒絶されてしまっている。

緑さんは大学の理学部を出て、2年間数学の教師をして結婚し娘をもうけたが、3年で離婚。それからは塾の講師をして娘を育てた。娘は結婚して仙台に暮らしているが、10年来音信不通の状態だ。

65歳で乳がんが見つかったとき、瞳さんにこう言った。

「大学病院の医師って、コンピュータに向かって、こちらも見ずに『じゃ手術の予定を決めましょう』って言うだけ。こちらの疑問には何も答えないのよ。納得できない手術を受けるわけにはいきません、って、出てきたわ」

ああ、また意固地が始まった、と内心思ったが、医療拒否はまずい。なんとか手術を受けさせたいと、瞳さんは説得にまわった。

「そんな〜〜。お医者さんはあなたの医療画像を見ていて、手術できるという診断をして、そのまま言葉に出したんじゃないの？　顔も見ないでというのとは違うのかもよ。手術できれば一番いいはずよ」

瞳さんには乳がん手術をして寛解している友達がいたので、必死に手術を勧めた。
「早期に手術すれば大丈夫。乳がんができるのは皮膚から近いところだから、取るのが一番。そのまま放っておくと皮膚の上に出てきて、膿や血液が止まらずに大変なことになっちゃうから」

だが、聞き入れられず、そのあとは電話をしても着信拒否されてしまった。

そのまま2年経って、自分で探した療法でがんの進行が止まっている、という連絡があった。本当かしら、と疑問をもったけれど、それを言い出すこともできなかった。妹は難しい理屈をとうとうと述べて、通常の医療に頼らないでよかった、と自慢するばかりで、口をはさむいとまもない。ただ聞き役に回っていた。

がんサバイバーの説得も無力

しかし、それから3年、つまりは最初の告知から5年経って、結局手術は受けないでいて、がんが増大してきていると連絡があった。二つの大学病院とは喧嘩して行っておらず、自費で300万円もかかる「自己免疫療法」という標準治療ではない療法を探し出したというのだ。怪しげな療法に、合計でもう1000万円も使ったという。それらの治療は、実際にはほとんど効果がなく、がんは悪化してきているらしいのだが、本人はなかなか言うことを聞いてくれない。

「とにかく経験者に話を聞いて」

と、乳がん経験者の友達から緑さんに電話を入れてもらったが、

「ご自分の理屈を言うばかりで、こちらの言うことは受け付けてくれなかったの。だから患者会活動を応援してくれているお医者さまの本を送っておいたわ」

という報告がきた。経験者の説得も歯が立たなかったようだ。結局、妹には「電話番号を他人に教えた」と怒鳴られ、徒労に終わった。

このままにしておいて、がんが突出してきたら、どうすればいいのだろう。姉として何ができるのだろうか。

患者本人の「助けてコール」をキャッチ がん拠点病院に連れていって

腫瘍内科医

勝俣範之

日本医科大学武蔵小杉病院腫瘍内科教授、部長、外来化学療法室室長。国立がんセンター医長などを経て、2011年より現職。国内における臨床試験と抗がん剤治療のパイオニア。著書多数。

がん難民の誕生には複合的な課題が

「トンデモ医療」に走って、命の危険や経済の危機に陥る方がいます。

こういう〝がん難民〟といわれる方が出てくるのは、医療者側の患者への接し方の問題、マスコミなどの間違った周知やトンデモ本の出版、そしてインターネット検索での規制が乏しいこと、という問題が絡み合っています。

不安に陥って必死にネット検索する患者さんの心の中で、「治る」「こういう証拠がある（にせ情報）」「こうやって治った（にせの体験談）」という情報が不安心理に巧妙に食い込んでしまうのです。

われわれ医師はたとえ初期のがんで、手術で治ると判断しても、「絶対治ります」とは言いません。個々の人体はそれぞれが固有の特性をもっているからです。この人に効いたとしても、隣にいる人には効かなかった——、それが医学の現実。医師が「絶対治る」と受け合わないのは医師の誠実さなのです。

腫瘍内科医、精神腫瘍科医がいる病院を

さてこの事例7の患者さんの場合ですが、一刻も早く、どこでもいいので医療機関を受診し、できれば腫瘍内科医のいるがん拠点病院に紹介状を書いてもらって、そこを受診していただきたいです。5年間標準治療をしないでいると、乳腺やリンパより広範囲に転移してしまっていて、抗がん剤治療が主になると思われるからです。

できれば、精神腫瘍科医がいる病院がいいですね。いままでの怒りや不信、それによって傷ついた心理状態を改善する助けになってくれるでしょう。

それでも医療を受けないと固執された場合ですが、ひどい不調が起きて、ご本人か

【精神腫瘍科医】がん患者と家族の心のケアや療養生活の質の向上を目的として診療にあたる医師。

ら「助けてコール」がきたときがチャンスです。「少しでも楽になるために」と説得して、がん拠点病院などになんとか連れていってあげてください。

上手ながんとの付き合い方

がんと診断されてから、患者さんに負担なく治療の王道をいくために、少しの心がけをしていただきたいです。「焦らない、慌てない、あきらめない」が基本です。

●〝がんイコール死〟の時代は去り、再発でもステージ4でも、がんと共存して普通の生活が送れる可能性が高まっています。がん治療に大切なのは、①自分の病状と治療を納得していく、②治療の初めから緩和医療を取り入れる、この二つの軸をもつことです。がん拠点病院の相談室や、看護師、ソーシャルワーカーなどに質問して、自分の病態や治療を理解していきましょう。

●医師から最初に説明されるときは、覚えていなかったり、一部分だけ強調して覚えてしまう、ということが起こります。ご家族や信頼できるご親類、友人に同席してもらい、メモや録音をとり、わからない医学用語などがあれば国立がんセンターの「がん情報サービス」などから学びましょう。

【がん診療連携拠点病院】専門的ながん医療の提供、地域の連携体制の構築、患者や住民への情報提供等を行う病院。
詳しくは→**https://hospdb.ganjoho.jp/kyoten/kyotensearch**

●インターネットの情報は、詐欺まがいの誘いがずらり。「治る」「体にやさしい」などのうたい文句に惹かれて読まないこと。読めば、患者の不安な心理につけ込み、高額治療に導くように上手に構成されているからです。

●標準治療とは、医療界と患者さん方が数々の努力を重ねて、研究・審査をして一番効果が高く安全だと認められて、保険適用となった治療法のことです。標準治療は「最高の医療」なのです。

●がんとわかったとき、ショックを受けて、周囲を責めたり、うつ状態になる患者さんがいますが、3週間ほどで落ち着いてくるので、周囲はやさしく見守りましょう。必要なら医師に相談して精神腫瘍科医を紹介してもらいましょう。

●患者の周囲の方は、自分の信じている民間療法を勧めたり、サプリメントを送りつけたりするのは危険ですからやめましょう。

「トンデモ医療」を見分けるポイント

1. 保険が効かない高額な治療法は危険
2. 「どのがんにも効きます」という文言を信用しない

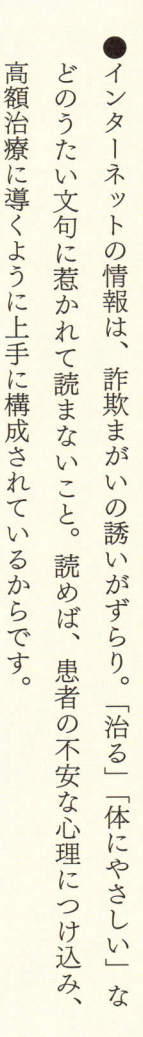

【国立がんセンターの情報センター】
「がん情報サービス」https://ganjoho.jp/

3. 「免疫力アップ」という言葉にだまされない
4. 個人の経験が他の人にも有効だとは限らない
5. 細胞実験レベルのデータだけでは信用できない
6. 「がんの予防」に効果があるからといって「がん治療」にも効くわけではない

Column

民生委員と独居高齢者

大正時代から続く制度

地域の高齢者の見守りや子育て支援を担う民生委員・児童委員は、非常勤の地方公務員。「民生委員法」に基づいて地域住民から候補を選び、都道府県知事の推薦を受けて厚生労働大臣が委嘱する。始まりは1917年に創設された「済世顧問制度」だというから100年以上前から続く共助のシステムだ。民生委員にはボランティア精神が求められるため無報酬だという。定例会を開くほか、活動・支援の事例集を通して情報を共有するなどして研修を重ねている。

住民の身近な相談相手であるはずの民生委員だが、全国的に担い手不足が深刻化し、欠員状態が続いているのが実情だ。地域によっては一人の民生委員が見守る独居の高齢者や後期高齢者夫婦は100世帯以上にも上るという。月に一度の訪問でも、休みなしで一日3軒以上回らなければこなせない。そのほかに急な相談や困り事への対応などもあり、負担が大きく、強い使命感と責任感のある人にしかできない仕事といえる。

頼りになる隣人

支援を必要とする地域住民と、行政や福祉サービスをつなぐ役割をもつ民生委員は頼れる隣人だが、その割にはなじみがないという人も多い。

民生委員の活動は、地区内の独居高齢者や高齢者夫婦世帯や困難を抱えた住民の見守りが主で、行政のアウトリーチシステムの一つと言えよう。行政のリストに上がっていない住民側から個別の民生委員にアクセスするのは難しいかもしれない。それでも、地域コミュニティに疎い人は特に、近所の民生委員さんと道で会ったら挨拶をかわすくらいの関係を築いておきたいもの。

独居や高齢の不安から民間の見守りサービスと高額の契約をするくらいなら、近くの民生委員さんと知り合いになっておくほうが安心かもしれない。

事例 8

障がい者と仕事

がんで声帯を失うも最高の就労先を手に入れた

——毎日が「挑戦」のおひとりさま障がい者昌子さんの場合

一人暮らしの私は3年前、54歳のときに下咽頭がんに罹患し、放射線治療と抗がん剤治療を受けた。寛解かと思いきや、声帯の近くに残存していることがわかり、今度は切除術を受けることになった。残存がんは声帯付近でもあったため、声帯そのものを取り除くこととなり喉頭全摘出手術となったのだ。

手術は、腸の一部を食道に移植して再建し、新たな食べ物の通り道を作るのと、喉に穴を開けて永久器官孔という、鼻の代わりの呼吸装置を作るというものだ。健常な人は鼻で呼吸し、気道と食道はつながっているが、私は呼吸や嚥下、消化などの仕組みや働きが健常な人と異なる状態となった。「音声・言語機能障害（3級）」の身体障がい者と認定され、「障害年金2級」の受給対象となった。

化学療法を終えた段階で、私はいったん元の職場に復帰している。治療前は、キ

【障害年金】病気やけがで仕事や生活が制限された場合に、現役世代も含めて受け取れる年金。

ャリアコンサルタントとして、自治体に就職相談に訪れる人を対象にしたキャリアカウンセリングを行っていた。復帰後は、体調と、自治体からこの事業を委託された民間会社の事情により、短時間勤務で事務の仕事を行った。

短時間でも仕事に戻れたのは幸運だった。だが、再入院して声帯を切除した後のコミュニケーション手段は筆談とジェスチャーになってしまった。

障がい者としての就業

私は喉頭全摘出手術のための入院中、病院に定期的に訪れる、ハローワークから派遣された相談員の面談を受けた。ハローワーク飯田橋（東京都文京区）には長期療養者の就職支援を専門に行う「専門援助部門」がある。そこから派遣されてくる就職支援員だ。退院してからも継続して相談にのってくれるという。「話せなくても仕事はできる」と言われ、私は大いに希望をもった。がんになったからといって、生活のためには仕事をしないわけにはいかない。

退院後は、まずは在宅で就職活動を開始。障がい者人材を扱う会社やサービスに登録しオンライン面談をしたり、障がい者対象の就職フェアに足を運んだりした。

【厚生労働省 長期療養者就職支援事業】
詳しくは→**https://www.mhlw.go.jp/stf/seisakunitsuite/bunya/0000065173.html**

地元ハローワークでも求人情報を探索した。また大学教員の友人は、留学生対象の、論文やエントリーシートの添削の仕事があるかもしれないと教えてくれた。キャリアコンサルタントの資格に加え、以前編集の仕事をしていたことの両方が強みになると友人は言ってくれた。

結果、私は病院に派遣員を送っていたハローワークが紹介してくれた求人に応募し、採用された。官公庁の新設まもない省庁の期間業務職員だ。

面接は、筆談を介して直接行った。まだ立ち上がったばかりの部署に配属されることになった。リーダーは女性。民間人材、地方自治体からの出向者など多様な人材が働いており「未整備の部分が多い分、面白い職場」といった主旨の説明をしてくれた。「あなたの意向は?」と聞かれ、「ワクワクします!」と即答した。コミュニケーションはチャットやメールなどで行えるのも安心だった。

こうして私は初めての公務員人生をスタートさせた。

就業2カ月後に腸閉塞、新たながんも発覚

就業してからは、1on1によるサポートを受けながら少しずつ仕事を覚えた。だ

が就業2カ月目にして、再び入院することになったのだ。発端は、ひどい腹痛だ。受診したところ、腸閉塞にかかっているという。おなかには3キロ近くの腹水が溜まっていた。就業後の緊張や朝早い出勤など、自覚はなかったが心身に思わぬ負担がかかっていたようだ。

腸閉塞解除手術を受けたが腹水がなかなか引かず、結局1カ月入院した。退院後、自宅では冷凍食品の宅配おかずセットを取り入れた。また主にバイタルチェックのため民間の訪問看護を週1回頼み、介護用ベッドもレンタルした。がん末期などの診断書があれば保険適用になるサービスもあるそうだが、私の場合は腸閉塞後のケア。障がい者向けの割引なども適用されないようだった。

仕事には、退院後1週間ほどで復帰。職場のチームのみなさんは、「テレワーク中心でOK」と言ってくれた。業務内容はオンラインで行えることがほとんどなので、私にはありがたい。健康状態は少しずつ回復した。入院時、上が75くらいしかなかった血圧は3桁に。体重も少しずつ増え、何より体力がついていった。しばらくテレワークを行った後、体力向上のためにも出勤に切り替えることにした。

体調が一段落した頃、プロヴォックス設置術を受けた。この手術はシリコン製の小さな管（人工喉頭）を埋め込み、気管と食道をつなぐというもの。手術後は、永久気管孔（喉の穴）を指などでふさげば声が出る。

入院・手術を含めて1週間程度を要した。その後は、3〜4カ月から半年ごとにプロヴォックスを交換する。交換の際、手術は必要なく、費用が3万円弱かかる。

しばらくは、再び話せて、体が回復したうれしさで仕事やプライベートで積極的に動き回った。しかし2年ほど経った頃、体がだるい日が続いた。そして、定期検査のときに内視鏡で食道がんが見つかった。医師はこともなげに「下咽頭がん罹患者で食道がんを発症する人は一定程度いる」と言う。

幸いがんは初期の段階で、内視鏡手術は1時間程度、約10日で退院できた。その後は特に異常や再発は見つからず、順調な経過をたどっている。

「障がい」はどこにある？

プロヴォックス設置により話せるようになってからも、会話が飛躍的にスムーズになったとは必ずしも言えない。雑音の多い場所、電話やオンラインではうまく相手に伝わらないことが多いし、言葉（音）によっては相手が聞き取れない場合がある。すると、まあいいかチャットもあるし、とあきらめの気持ちも起こってしまう。

「障がい」という言葉についても考えるようになった。ある障がい者の知人が以前「障がいは、当事者ではなく社会にある」と言っていた。いまはそれを身をもって実感する。世の中は、デフォルトの設定自体が偏っているのではないだろうか。

いま私は、がん罹患経験者であると同時に、エイジングが進むおひとりさまシニアの道をひた走っている。最近では、左足首の軟骨の減少による「変形性関節症」であることが判明した。さらに、右足首は疲労骨折となった。筋力が少ないことや加齢に加え、がんの化学療法など複数の要因があるようだ。

また、服薬を止めればたちまち甲状腺ホルモン不足や便秘などの胃腸の不調が生じる。認定された障がい以外にもポンコツ箇所はてんこ盛りだ。

そんななか「障がい者だから控えめに」ではなく「サポートしてもらうのが当たり前」という精神で開き直り、果敢に、毎日に「挑もう」と思っている。サポート情報を積極的に収集しつつ、「おひとりさまの老後」のためにも愛すべき友人・知人たちとのつながりを大切にし、維持していこうと思う。それが現時点で私が考えつく〈自分介護〉の方法だ。

解説

「障害者雇用促進法」の後押しで就職した障がい者は年々増加 非対象者にも道は開くか？

事例8の昌子さんの場合は、ご自身がキャリアコンサルタントという専門職であったこともあり、闘病中も仕事復帰を目標にできたのかもしれない。次々に襲いかかる病魔や体の不調に、一つ一つ冷静に対処できたのも、働く場があったからこそだろう。障がい者雇用に目を付けたのは慧眼だ。

「障害者雇用促進法」では、企業に対し、全従業員の一定割合の障がい者を雇用することを義務付けている。その割合は現在2・5％で、さらに引き上げられる予定になっている。つまり、従業員1000人の企業では最低25人の障がい者を正規雇用しなければ法律違反になるわけだ。厚生労働省は、2023年度にハローワークを通じて就職した「障がい者」が述べ11万756人で過去最多を更新したと発表した。

一見、働きたい障がい者の救済を企業に求めた法律のようだが、実は、企業のイメージアップにも寄与している。障がい者を雇用するということは、働く環境を整えて多様性を実現するという意味で企業価値を高めるし、従業員全体の働き方を見直すことにも通じる。法令順守の企業であることをアピールできるし、企業の力量を示す指標にもなっている。そのため企業は障がい者雇用に力を入れているわけだ。

障がいを理由に働くことをあきらめている人も多いだろうが、雇用に力を入れているのは特に大企業や行政組織だから、大企業への就職や公務員を志望するならこの制度を利用しない手はない。

ただし、この制度による算定基準は「障害者手帳」の所有者に限られるのが残念なところ。テレワークやフレックスタイム、短時間勤務、ワーキングシェアなど働き方改革が進む時代だからこそ、大なり小なりのハンディキャップを抱えて就職することをあきらめたり、介護や子育てで離職せざるを得なかったりする人の受け皿になるような法律、制度があってもいいだろう。

【障害者手帳】
身体障害者手帳、療育手帳、精神障害者保健福祉手帳の総称。

シングルの保証人

入院の保証人問題で「ん？」二度目の発作で「んん？」

——「なんとかなるさ」でやってきた和明さんの場合

「あっこは俺の姻族だっけ？」

齢70を過ぎた立派な大人がなんて無知なのかしら、と明子さん（73歳）は思った。

家族、親族のいない人の入院保証人は誰？

「何言ってるの？　姻族なわけないでしょ。私はあなたの先輩で、ミキの友人で大学の同窓生。赤の他人でしょ」

和明さん（72歳）が倒れて緊急入院した際、連絡先として明子さんの名前を書いたところ、看護師さんから確認されたのだという。

「ご家族ですか？」「いいえ」

「ご親族ですか？」「いいえ」

「じゃあ、姻族の方なんですね？」「そうかな」

というやりとりがあったのだそうだ。和明さんは、姻族とは婚姻を結んだ相手の3親等以内の親族のことというのを知らなかったらしい。姻族だって親族だから、看護師さんの質問も変なのだが……。

明子さんは、誤解されたままでもいいやと思った。というのも昔、友人から、同棲していた彼が入院するとき、保証人の欄に友人と書いたら「ご夫婦じゃないんですか？」としつこく聞かれ、事実婚にしたかったのに仕方なく婚姻届を出したという話を聞いたことがあるからだ。いまだに入院の際は「家族保証」「戸籍主義」が幅を利かせていることに明子さんは驚いた。

和明さんの病気は「心不全」だった。妻のミキさんを亡くしてから5年、男一人の生活は不摂生そのもの。寝たいときに寝て、起きたいときに起きる。食事もコンビニ弁当で済ませたり、ビールに少々のつまみでおしまいにしたり。不健康になるのも無理はないが、心不全とは驚いた。

即入院。投薬治療の後は、循環器リハビリで生活改善の日々を送ることになったのだ。

退院後の生活改善と人生の後始末

退院後の喫緊の課題は生活改善だ。まずは介護申請をして要支援2をもらい、食生活の改善には宅配のお弁当を頼み、週1回のデイサービスでリハビリを継続することにした。警備会社のシステムを利用して安全確認契約を結び、自宅マンションで倒れたときの備えも万全、だったはずなのだが……。

「宅配の弁当を受け取るのが面倒でねえ。毎日、1階の玄関ドアを開けるのが負担で断ってしまったんだよ。自由に出かけられなくなったから」

マンションはオートロック方式で、お弁当を受け取るためには在宅して玄関ドアを居室から開ける必要がある。そのために外出時間が制限されるのがどうにも我慢できなかったようだ。この頃まではどうにか近くのコンビニまでは足を運べていたが、だんだん億劫になっていった。そしてとうとう二度目の発作を起こしてしまう。ほんの50メートルの距離を歩き切れず、道端にしゃがみこんでしまったのだ。

「以前入院していた循環器の専門病院に駆け込んで、もう一度入院させてもらおうと思ったんだけど、断られてしまったよ」

2024年の4月に始まった「医師の働き方改革」の影響で、アルバイトやパートの医師が補充できなくなったため、近隣の病院の循環器内科が軒並み診療を中止。和明さんの主治医のいる病院に患者が殺到し、とうとう新規の入院を受け付けられなくなったという。

「驚いたね。世の中とは無関係に生きたかったけど、そうはいかないことを思い知らされたよ。遅ればせながらこれからの要介護生活と、人生の後始末をまじめに考えようと思った」

なんとかなるさで暮らしてきた和明さんだったが、やっと重い腰を上げて行く末を考える気になったようだ。友人たちも年をとり、あちこち不調で頼りにならない。親戚付き合いも避けてきたし、後を託す親族もいない。

「確か、亡くなった姉の息子がいたはず。初めて連絡を取ってみようかと思ったけど、ほとんど初対面の甥に何かを頼むのも違うかなと思うしね」

まずは、入院できる病院探しから始めて、一人暮らしが難しくなったときのための施設探し、自宅マンションの売却、残った財産の遺贈先探し、死後の後始末を誰に託すか……。やることは山積みだ。

入院、介護を前提に思い立ったが始めどきまずは緊急連絡先を決めておこう

自由気ままな一人暮らしを謳歌していた人も、いざ入院、介護となると、がぜん不便をかこつことになる。

入院時の連帯保証人と身元引受人

ほとんどの病院では、入院の際に「連帯保証人」と「緊急連絡先」や「身元引受人」の記入を求められる。

連帯保証人は、万一入院費用が支払えない事態に陥ったときに代わりに支払ってくれる人で、「患者と生計を一にしない支払い能力のある成人」という条件がついていたりする。つまり、同一生計だと、同居の家族は連帯保証人にはなれないということだ。

一方、身元引受人や緊急連絡先は、「不幸にも本人が亡くなったときに遺体を引き取ってくれる人」という意味があるので、妻や夫や子ども、親やきょうだいなど家族の名前を書くことが多かったが、親族のいない単身者が増えてくると、病院では誰に頼めばいいのか迷ってしまう。病院によっては、患者本人以外に手術の同意書へのサインを求めることがあるかもしれない。手術中の急変など、いざというときの救命措置、延命措置への判断を即時に求められることもあり、友人に気軽に頼めるものでもない。

しかしこれらは、院内ルールとして慣習的に行われていることで、厚生労働省は「身元保証人等がいないことのみを理由に入院を拒否することは、法律（医師法第19条第1項）の規定に抵触する」という旨の通達を出している。

治療を受ける権利は患者本人にあり、医療機関は治療する義務があるということだから、たとえ家族、親族であっても、患者本人の意向に反して手術同意や救命措置の判断ができるはずはない。ましてや、身元保証サービス会社と金銭契約を結んでお任せにする類のルールでもない。

経済保証も身元引受けも事前の意思表示が大事

関東地方のある病院の看護師長にこんな話を聞いた。ある高齢の入院患者が危篤状態に陥ったとき、長男に連絡をとったところ、「現在、海外旅行中なので帰国するまで生かしてほしい」と言われたそうだ。言われなくても救命措置はするわけだが、おっとり刀で病院に現れた息子は「もう措置はけっこうです」と言ったのだとか。医療倫理に従って治療義務を果たしている医療者がそうした言葉に左右されるわけもなく、身元引受人だからといって患者の生死をコントロールする権利はない。

一方、骨折の手術を受ける際、手術立会人を求められた人もいたようだ。「みなさんにお願いしています」という意味不明の理由で、躊躇する友人に無理にお願いする羽目になったというのは、なんとも理不尽な話。

入院時の連帯保証に関しては、保証人がいないから入院させないというのは違法だし、入院の要不要は主治医の判断で行われる。事前にクレジットカードを登録したり、あらかじめ一定額の保証金を納めておいたりすることで、連帯保証人を不要にしている病院もある。

とはいえ、意識不明で救急搬送されることや、入院してから不測の事態が発生することはあり得る。そのときのために身元引受人や緊急連絡先が必要なのだから、こちらは事前に準備しておくことが大切だ。延命の要不要だけでなく、既往症、服薬情報、手術への考え方など、必要な情報と自分の意思を書面にまとめておき、万一のときに救急隊員や病院に渡してもらえるようにしておくだけで、患者と医療者双方の安心につながり、適切な医療を受けることができる。

医師が患者とインフォームドコンセントをしっかりとり、患者が必要な情報を医師にしっかり伝えることで、医療現場の風通しは格段によくなる。そのうえで、いざというときに備えて緊急連絡先だけは確保しておき、病院に伝えよう。

家族がいる人もいない人も、健康に不安がないときに緊急連絡先になってくれる人を見つけておき、できるだけ意思の疎通をしておきたいものだ。

高齢でも現役

いくつになっても仕事はできる 仲間も生きがいもゲット

——82歳からヘルパー修業をした美代子さんの場合

母（美代子）は自分より若い身内を何人も亡くしている。長男（私の弟）は喉頭がん、弟は膀胱がん、末の弟は脳内の出血後、認知機能や身体の衰えが進んで死去。とうとう夫まで亡くし、母は大きな喪失感を味わうこととなった。

82歳に意欲をもたらした新天地への転居

父が亡くなってしばらくの間、母は、不用な遺品を売り払ったり、わずかな預金を引き出したり、手書きの遺書を認めてもらうために家裁に通うなどして忙しく、緊張感のある日々を過ごした。やがて一連の事後整理が落ち着き、埼玉県内の家で一人で生活するという孤独な現実と向き合うこととなる。

ご近所さんは、私が幼い頃から家族ぐるみで付き合いがある顔馴染みばかりだが、近年、夫や妻を亡くしたり、自らが闘病中だったりと、様相はかなり変化してきた。一様に活動意欲が著しく低下しており、言葉を選ばなければ「姥捨て山」だった。

一方母は、以前勤めていたときに通っていた都心にある美容院や歯科医院に足を運び続ける元気があった。また、2階建てで築50年以上の一軒家は、一人で住むには広すぎて手入れも大変だ。

そこで私は、最初は思いつきで「ここを売ってマンションを買えば？」と提案した。試みに、不動産会社に売却・購入のシミュレーションをお願いし、その勢いで、私が住む街の、売り出し中の中古マンションを見に行った。物件見学を繰り返すうちに、母も私も〝その気〟になり、とうとう気に入った物件も出てきた。にわかに、新天地への移住プロジェクトが現実味を帯びてきた。

結局、母と私の共同名義で、築40年のマンションを購入した。驚くことに、移ってすぐに、マンション1階にある訪問介護事業所の経営者から「あなた元気ね、介護の仕事しない？」とスカウトがあった。82歳の老婆にだ。母は久々に自尊感情の高まりを感じたようだった。

初任者研修の資格があるとよいと言う。いまなら、自治体等も開催する無料の講座受講で取得できるのだろうが、当時は極端に少なかったこともあり、有料の講座を受講することになった。母の転居生活は順調なすべり出しだった。

若い同級生たちと楽しく受講

講座の同級生はほとんどが自分の娘より年下の、若いママさんたち。座学では「褥瘡（じょくそう）」といった難しい漢字の言葉も覚えなければならない。だが、時折ランチを一緒にとるなど、ワイワイと、若い同級生たちと楽しく学んでいた。

実習もありの講座は無事終了。修了試験には3回不合格となったものの、補講と称した試験対策講座でしっかり教えてもらってなんとか資格を手にできた。

「スカウト」をかけてきた介護事業所では早速採用してくれた。母は、子育て中のママさんたちが担当しにくい土日の夕方などに、ホームヘルパーとして自宅から徒歩圏内の利用者さん宅で、食事作りや掃除の生活援助を行うこととなった。

こうして母は再び「ワーキングウーマン」となった。仕事といっても、家事の延長である料理と掃除だから、主婦歴60年以上の母にとっては「覚える」というほどのものでもなかったようだ。私と会うとよく、訪問先の様子を話してくれた。

「利用者さんの妻が話しかけてくるので相手をしていて時間が長引くが、時給はつかない。ジレンマがあるものの、『時間なので』と言えなくてちょっと困った」「自分の代わりに赴いた職員が作った食事は食べ残したが、私が冷蔵庫の野菜などでサッと作った野菜炒めはきれいに食べてくれた」「無愛想で小言の多かった利用者さんが徐々に打ち解けてきて、手作りの小物をもらった」というようなことだ。

雇ってくれた事業所の方に感謝した。母も、父の遺族年金と自分の年金プラスαの収入になると、うれしげであり、誇らしげだった。

1日1万歩が自慢だったが

利用者さん宅へは徒歩で訪問していた。距離的にも母にはちょうどよい運動になったようだ。ただ、時々腰が痛むようだった。埼玉在住時から、定期的にブロック注射を打ったり、痛み止めの薬で対処はしており、転居後も整形外科でリハビリをしたり、痛み止めの薬を処方してもらうようになっていた。ただ、腰の痛みに即効果のあるブロック注射をしてもらえる医院が見つからず、「せめて夜はゆっくり眠りたいのに」とこぼしていた。

そうは言いながら、当時は腰にコルセットを巻き、歩くときは意識的に背筋を伸ばし、さっさと、私と同様のペースで歩いた。

仕事のない日も、近くの川の土手までウォーキングをしに行き、「途中で暗くなって少し焦ったけど、いい運動になった」と楽しげに報告してくれることもある。

しかし、この頃から、道でつまずくことが多くなった。本人いわく「運動神経がいい」ため、大事には至らないと自慢していたが一度だけ、顔にアザの残る転倒をしたことがある。歩道でつまずき、顔面を打ってしまったのだ。救急車騒ぎには至らなかったが、顔は、右半分の肌の色が紫色になるほどで、痛々しかった。足も少し赤くなっていたが整形外科で診てもらい打撲のみで済んだとのことだった。

人様より「運動神経のいい」母ではあったが、寄る年波には勝てず、ヘルパーの仕事は2年強で卒業した。長いとは言えない期間だったかもしれないが、一人取り残された孤独感から脱却して仲間ができ、頼られることで生きがいが生まれ、健康寿命を延ばしたのだから、大きな価値があったと思う。何より、80代になっても、娘の私と同じワーキングウーマンとして対等に会話ができたことは、大きな喜びだったろうと確信している。

人手不足の介護業界
83歳のケアマネも！
職員の確保が急務

主任ケアマネジャー
介護事業所経営
佐々木世津子

ヘルパー不足で在宅介護がピンチ

介護業界は慢性的な人手不足です。２０２２年度の訪問介護員（ホームヘルパー）の有効求人倍率は15・53倍と突出して高く、訪問介護事業所にとってヘルパー確保は喫緊の課題となっています。訪問介護を望む需要は年々増加しているのに、ヘルパー不足で需要に応えられない状況が続いているわけです。

加えて、２０２４年は3年に一度の介護報酬改定の年でした。全体の改定率はプラ

ス1・59％でしたが、訪問介護の基本報酬は大きく引き下げられました。令和5年度（2023年）介護事業経営実態調査による収支差率が施設介護などの部門より高かったからだそうです。サービス付き高齢者向け住宅（サ高住）などの集合住宅に併設された訪問介護事業所では、効率のよい経営ができますが、通うのに時間も経費もかかる一般住宅向けの事業所では一日に訪問できる件数は限られます。前者が利益を押し上げることで、非効率的な経営を強いられている後者が基本報酬引き下げというダメージを負うことになりました。

介護職員の採用難と、光熱費や介護用品などの物価高、さらに基本報酬引き下げというトリプルパンチに見舞われ、訪問介護事業所の倒産が2024年上半期で過去最多に上ったといいます。先行きを悲観して事業所の事業承継を断念する例も多いようです。

介護現場は専門家も家族も老々介護

このままでは、せっかく根付いた在宅介護が崩壊してしまいます。現場でできる努力といえば、まずは介護職員の確保です。そんな流れの中で、事例10の訪問介護事業所の社長は、美代子さんを直接スカウトしたのでしょうね。それが美代子さんの生きがいになり、家族を失った喪失感を薄れさせ、働く喜びをもたらしたとしたら、こんなうれしいことはありません。

83歳で相談業務やケアプラン作成をバリバリこなしているケアマネジャーもいます。担当している75歳の利用者さんから、「私はあなたより若いんだからもっとシャキッとしなきゃだめよね」と、励みにされている存在だそうです。

長寿長命社会ですから、夫婦、きょうだい、親子での老々介護も普通になっています。介護保険制度だけでは賄いきれない時代はすぐそこまで来ています。美代子さんのように資格を取って介護職員になるのはハードルが高いと感じる方は、有償ボランティアからぜひ始めてみてください。家事や雑務のお手伝いを安価で提供する・されるの支え合いの精神が、これからの老々介護の一翼を担う気がしています。

元気な高齢者が活躍する介護業界というのもちょっと楽しいかもしれません。

ペットは家族

高齢者だからこそ、ペットと暮らしたい！
――犬・猫の保護団体を探索中の舞さんの場合

東京都在住の舞さんは70歳を過ぎても元気に現役で仕事を続け、快適なシングル生活を送っていた。海外で暮らす姉が一人いるが、現状は高齢者のおひとりさまだ。17年前に外猫を家に入れ、８年前には保護団体から保護犬を譲り受け、〝３人家族〟で楽しく暮らしていた。ところが昨年、２匹が相次いで亡くなり、本当にひとりぼっちに。この寂しさとペットロスから抜け出すには新たな家族を探すしかないと、犬・猫の保護団体が行っている里親募集情報をリサーチした。

高齢者、一人暮らしへの譲渡お断り

ところが、多くの団体が「高齢、未成年、一人暮らしの方への譲渡は不可」となっていた。高齢でそのうえ一人暮らしの舞さんへの譲渡はお断りだという。ペット

も長寿になり、譲渡した高齢者が先に亡くなったら犬・猫たちが不幸になる、という保護団体の言い分もわからないでもない。ただ舞さんも最後までペットに責任をもつために、自分の健康寿命を考え合わせて、6歳以上のシニア犬・猫を探したのだが、いずれも門前払い。「犬を飼う高齢者は認知症リスクが4割低い」とか、「犬・猫と触れ合うと、オキシトシンという幸せホルモンが分泌される」とか、高齢者がペットと暮らすことを勧める意見がいろいろあるにもかかわらず、現実はなかなか厳しい。そこで舞さんは、そんな現状を乗り越える仕組みが何かあるのではないかと探し始めた。

万が一のとき、新しい里親を探してくれる

で、ありました！

〝一人暮らしでも！ 高齢の方でも！ 飼育未経験の方でも！ 保護猫との暮らしをあきらめないで！〟と、「安心ねこ生活　猫生たすけあい制度」を立ち上げている「ネコリパブリック」（東京都台東区）という猫の保護団体を見つけた。月額480円の寄付を続けると、「ネコリパブリック」から譲渡された保護猫は、万が一飼い主

が飼えなくなったときに同団体が引き取り、新しい家族を探してくれるという制度だ。高齢者が年齢のせいで猫との生活をあきらめることなく、安心して最期まで楽しむことができる制度だという。今後、猫と高齢者を見守る事業の展開も予定しているらしい。

同団体が運営している保護猫と触れ合える猫カフェやオープンシェルターが全国にあるので、舞さんは早速その中の「ネコリパブリック東京お茶の水店」を訪ねた。神田明神近くのオフィスビルに、昭和レトロのような一軒家の居住スペースがあって、自由にたくさんの猫たちとくつろげる。相性がよさそうな猫もいたので、これから何回か保護猫カフェに通って、新しい家族を決めたいという。

こうした新しいシステムを実施している保護団体も少しずつ増えてきているらしい。「一般社団法人　動物共生推進事業」（千葉県）では、犬・猫の保護・譲渡活動の中で、高齢者への飼育支援活動も行っており、同団体から譲渡された犬・猫をやむを得ない事情で飼えなくなった場合、引き取って新たに里親を探してくれる「飼育保証制度」を実施している。

関西では「ＮＰＯ法人　ペットライフネット」（大阪府）が活動している。自分の死後もペットの面倒を最後までみてもらいたい飼い主と「終生飼養契約」を結び、飼い主に準備してもらっていたお金を元手に、ペットが亡くなるまで世話をする「わんにゃお信託」などを展開中だ。その中で、犬・猫を飼いたいけれども高齢ゆえ無責任なことはできないとあきらめている人たちに、里親になってもらう制度も展開している。飼育費用は元の飼い主が遺した終生飼育費用から支出されるし、里親が飼えなくなれば、「ペットライフネット」が再び預かる仕組みだというから、高齢の里親にとっても負担が少ないだろう。

シニアへの保護犬、保護猫譲渡への道が開かれつつあることをうれしく思う舞さんだった。

家族同然のペットのACPを考えることが自分の終末期を考える契機に？

単身高齢者だからこそペットと暮らすメリットは大きい。家族より家族らしい、愛すべき対象としてのペットは、人生の同伴者としての役割を立派に果たすともいえる。孤独を癒したり、話し相手になるという意味ではコミュニケーションロボットもいいかもしれない。ロボットなら餌もいらないし、トイレトレーニングも必要ないうえに、電気を点けたり、エアコンのスイッチを入れたり、音楽をかけたりしてくれる。それでも、生き物と暮らすことには及ばない。ペットは、話し相手になってくれるし、ご飯を食べたり、散歩したり、遊んだり、病気になったり、まさに家族同然の存在だ。ペットと呼ばずに、コンパニオンアニマルと呼ぶべきだと主張する人もいる。

ペットも長生きになり、人間と同じようにがんや腎不全、認知症などの罹患率も高

【コミュニケーションロボット】会話や身振りなどで人間とのコミュニケーションを取ったり、サービスを提供するロボット。

まっている。飼い猫の人工透析も行われているという。そこで、ある獣医師が「獣医療にもACPを」と訴えているそうだ（毎日新聞2024年8月4日朝刊　滝野隆治の「掃苔記」）。近ごろ、国や自治体が推奨しているACP（アドバンス・ケア・プランニング＝人生会議）とは、人生の最終盤にどんな医療や介護を受けたいかを、家族と話し合っておこうというもの。年老いてから手術は受けるか受けないか、延命は希望するかしないかなど、あらかじめ意思を確認し合おうというものだ。

「ペットのACP」とはなんだろう。ペットの思いは、家族である飼い主が推量するしかない。つまり、ペットのACPとは、家族である飼い主の死生観の反映でもあるわけで、ペットの終末を考えることは自分自身の終末期を考える契機となる。

飼い主亡き後のペットの行方を想定して手を打っておくことも大事だが、ペットを看取ることも想定して、ペットの最期をどうするかをシミュレーション。これがおひとりさまの家族間ACPになる、とは言い過ぎだろうか。

おひとりさまの老後計画

理想の〝終の棲家〟を動ける間に悔いなく探す

——身寄りのない一人暮らしの優子さんの場合

母を看取って、とうとう独りぼっちになってしまった。親族と言えるのは、従弟（いとこ）が一人きり。ほとんど付き合いはないから天涯孤独のようなものだ。財産と言えるものは親の遺産が少々と、築40年の実家だけ。それでも優子さん（73歳）の心は軽い。これからは自分のためだけに生きていくと決めたから。

おひとりさまは気楽

「あと、少なくとも10年は元気で暮らすつもりだから、生活は年金の12万円でまかなって、遺産の１０００万円は旅行や付き合いやボランティアで使い切るつもりなの。弱ってきたら実家を賃貸に出して施設へ入る予定。売却してもいいかもね。なんせ、一人きりだから誰に気兼ねもいらないでしょ」

大切なのは、一人暮らしがつらくなったり、初期の認知症になったりしたときに最初に入る、〝理想の老人ホーム〟を探しておくことだ。
食と住を保証してもらいながら、スムーズに医療にアクセスできて、自由に出入りできて、好きに買い物に出かけられるところ。
好きな活動、たとえば読書クラブとかお散歩クラブとかもあって、日々の活動があるところ、友達ができるところがいい。優子さんの想像はふくらむ。

元気なうちに始める施設探し

80代になって介護が必要になったら、在宅の訪問介護員（ホームヘルパー）などに助けてもらって暮らそう。85歳を過ぎたらさすがに一人暮らしが難しくなるだろう。そこで、事前に調べておいた「憧れのシルバーホーム」の2年お試しコースに入ることにしよう。

「近所にきれいなシルバーヴィラがあって、何度か見学してみたの。パンフレットをもらったり、スタッフと話したりして気に入りました。なんといっても2年間のお試しコースがあるのがいいのよ」

2年間のコースは一時金が483万円、これは遺産の残りと貯蓄でなんとかなるだろう。毎月の16万620円は、年金に加えて実家を貸し出して捻出する。気に入ったらそのままヴィラに住んでもいいし、もう一軒目星をつけている、入居者に働く場所を提供する「ごちゃまぜ」と呼ばれる老人ホームに移ることも考えておこう。家を貸し出す手間がつらくなってきたら、実家を売却してもいい。

「そうだ、不動産屋と親しくなって家の査定もしてもらっといたほうがいいかもしれないわね。やることがいっぱいあって、これじゃあ、おちおち病気にもなってられないわ（笑）」

そうこうしているうちに90歳を過ぎて、要介護3以上になったら、看取りまでしてくれる特養に入ろう。特養なら個室でも月額10万円台で死ぬまで住めるから、いまから順番待ちのリストに入っておこう……。

優子さんの老後計画はまだ始まったばかりだ。

安心老後のためには元気なうちにライフプランを立てておくこと

ファイナンシャルプランナー
宅地建物取引士
介護事務管理士
柴本美佐代

自分が入る施設は自分で決める

施設（老人ホーム）だけには入りたくないと一人暮らしになっても自宅で暮らし続ける方は多いですが、転んで骨折したり、風邪から肺炎を起こしたりして入院すると、短期間でも足腰が弱り、杖や車椅子が必要になって自宅での生活が難しくなります。そうなると別居の家族が入れる施設を大慌てで探し、自身の意思に関係なく入れるところに行かねばなりません。

思っていたようなケアが受けられない、食事が合わない、スタッフや他の入居者と馴染めない。そのため孤独感が募り、「なぜこんなことになったのか」と後悔することになります。家族に会えば「帰りたい」と訴えてしまうため、そのことで家族も罪悪感をもち、面会の機会も遠のいて、互いにつらい思いをします。

自分自身も家族も自宅での生活ができなくなった場合を想定していなかったため納得できる施設選びができず、またマネープランも立てていないため、財産があってもうまく活用できないことは多々あります。

まだ元気なうちに自分自身のライフプランを立て、元気なとき、少し弱ったとき、介護が必要になったとき、というように将来の生活を想定し備えておくことが大切です。そして、まだ元気なうちに自分の介護プランも立てて、老人ホームを見学に行ったり体験したりしてほしい。大切なのは、何歳になっても将来を他人任せにせず「こう生きたい」という意思をもって行動することです。

「いつかホームに住み替える」ライフプランの注意点

自宅で暮らしているときの日常の収支を大きく分類し把握することで、収入が変化したときに予期せぬ支出があることを予測しておきましょう。

自宅や財産の処分による一時的な収入は思わぬ支出につながることがあります。また、売却益などまとまった資金を効率よく運用することも大切ですが、その際にもさまざまなリスクや注意する点があります。

不動産を売却するときの注意点

不動産を売却する際に気をつけなくてはならないのは、手数料や登記費用などの諸経費を差し引いて利益が出たときです。買ったときより低い額で売却した場合も、購入時の領収書等で取得費が明確にできない場合は、売却額の5％しか取得費が認められません。

自宅として使っていなかった不動産や、住まなくなって3年目の年末までに売却しなかった場合には居住用財産の控除は認められず、一時所得として課税対象の収入になるので、他の収入とは別に所得税と住民税がかかります。また年度ごとに所得に応じて決まる国民健康保険料や介護保険料が翌年度、一時的に高額になります。

取得時の領収書、契約書やパンフレットなどは必ず先に探して、手元にあることを確認しておきましょう。一時所得があると想定される場合には、あらかじめ税額や保険料がいくらになるか計算しておくことも大切です。

資金を運用する際の注意点

銀行や郵便局等の預金金利が低いため、お金を長期間預けてもほとんど利息がつかないことから投資を始める方が増えています。特にＮＩＳＡ（ニーサ）は政府が投資による資産形成を勧めていることで税制上の優遇があり、人気です。

通常の株式や投資信託では配当や売却益に税金がかかりますが、ＮＩＳＡは生涯非課税です。年間投資の上限額は成長投資枠が年２４０万円、つみたて投資枠が年１２０万円で、合わせて年間３６０万円まで投資できます。総額１８００万円まで投資が可能で、成長投資枠だけの場合は１２００万円が限度です。

注意点は、投資なので元本保証がないこと。売却時期によっては損失が出る場合もあります。投資先は取扱機関によって異なることと、自分で銘柄を選ぶわけではないので、取扱機関の投資先などをしっかりと見て決めることです。投資期間が長いほどリスクは分散されますので、コツコツ積み立てするプランもよいでしょう。払い出し

【NISA】少額投資非課税制度。NISA口座での投資は無税。
詳しくは→**https://www.fsa.go.jp/policy/nisa2/know/index.html**

は実際には銘柄を選んで売却して現金化するので、毎回手続きが必要です。年金のように自動で振り込まれるものではないので、自分で手続きできなくなったときに誰に代わってやってもらうのかを決めておきましょう。

たとえば60歳から始めるなら、NISAと資産形成型の生命保険を併用するのも良いでしょう。保険金を満期後年金として自動で受け取り、まとまったお金が必要な場合はNISAを売却するというように資金の使い方を決めておくのもよいでしょう。老後や死後事務を友人や相続順位の低い親族に依頼する場合に、生命保険金や民間保険の年金は相続財産とならないため受取人に指定することで遺すことができます。

施設や老人ホームを選ぶポイントと注意点

どの時点で住み替えるのかによって、資金も入居先も変わってきます。比較的元気で認知症のない時期は民間の老人ホームや高齢者向け住宅を選びますが、入居一時金や月々の費用が高額になります。無理のないマネープランで入居時期を決めましょう。

同じ要介護でも医療の必要度で検討対象となる施設が異なります。一定の医療を日常的に必要とする場合は、介護老人保健施設や介護医療院、医療法人が運営する老人

ホームなど、要介護1から入所が可能です。

要介護3以上なら特別養護老人ホームに入所が可能ですが、民間の老人ホームでも受け入れるところがありますので、とにかく事前にパンフレットを熟読し、サービス内容や介護体制などを調べてから見学しましょう。

公的な介護施設では入居金はありませんが、収入によって月間の費用が8万～20万円以上と大きな金額差があるので、必ず収入のわかるもの（所得証明や非課税証明）を見せて月額利用料を確認しましょう。

シングルには医療の壁がある！

美穂子さん（55歳）の趣味はトライアスロン。自転車の練習中に転倒し、救急車で病院に運ばれた。緊急搬送にあたり付き添い人が必要と言われ、一緒に練習をしていた友人に同乗してもらった。その日は応急処置で帰宅できたが、骨折していたので後日手術に。ところが身元保証人が必要なうえに、万が一何かあったときのためにと、手術の立ち会い人も求められた。「身元保証人はいなくてもいいはず」と言ってみたが、「決まりです」の一点張り。

美穂子さんは独身で両親も他界し、遠方に高齢の伯母が一人いるだけ。親しい友人たちは仕事で忙しく、高校時代の同級生をようやくつかまえた。「手術中に何かあっても、あなたの責任にはしないから！」と必死で説得、拝み倒して来てもらった。

独身だと救急車にも乗れず、手術も受けられないのか。これから先、いったい何回こんなことを他人に頼むのかと不安が募るばかりだ。

甥が先に逝くなんて

独身の私は自分の死後の手続き一切を甥（姉の息子）に頼んであったが、昨年急逝。想定外の出来事に動転したまま1年たった。気を取り直して、弁護士に依頼しなければと思っている。（稔・75歳）

原因は
多剤服用にあった

心不全で倒れた寛一さん（68歳）は、退院以来、異常なほど健康に気を付けるようになった。というのも、心不全という病気は発作を繰り返すたびに致死率が上がるというグラフを見たからだ。それなのに、二度もめまいを起こして倒れてしまった。主治医は「心不全はもう心配ないですよ」と言う。それでも、心臓の専門医のセカンドオピニオンをとることに。専門病院で一から検査をし直し、診察室に入った寛一さんに医師は「数値上、問題はありません」。

おずおずと服薬一覧を出すと、「心臓の薬はでていませんね」。服用していたのは、降圧剤、花粉症の薬、前立腺の薬、咳止めの全14種類。「薬が多すぎますね。中に、めまいの副作用がある薬があります。不要と思われる薬が7種類ありますから、まず減薬して様子をみるのがいいでしょう」。セカンドオピニオンの診断は多剤服用と副作用だった。

何をどう考える？

長年、母と二人暮らしだったが、心不全で一瞬にして亡くなってしまった。85歳で自転車で移動するほど元気だったので、介護経験のない私は自分の老後がまるでイメージできない。実際に困った時点で考えるつもりだが、それでは遅いのだろう。逆に何をどう考えていけばよいのか知りたいというのが正直なところだ。　（由美・60歳・団体職員）

行政サービスは あてにできない

昨年、田舎の両親が同時期に入院しました。父は脊椎圧迫骨折、母は腕の骨折で。父が先に退院したのですが、リハビリ次第で快復が望めるからという理由で介護認定が下りませんでした。母は、自分の手もままならない退院したその日から、父のリハビリ介護をスタート。二人で協力し合えば生活できると言われ、やはり、介護認定は下りず。

大阪に住む私と妹（ともに独身）が交代で月10日ほど帰省して、買いだめや断捨離や掃除や役所の根回しなどを担っています。ニュースや新聞で呼びかけられているほど、行政サービスのハードルは低くはありません。当事者になってみないことには想像すらつかない世界でした。何か他の手がないか見つけられないのは、自己責任なのでしょうか。

（美咲・59歳・個人事業主）

身内より役に立つ ネット通販

66歳の彰さんは肋骨に転移したがん治療で入院。妻は仕事が超多忙。病院内で必要な生活用品を都度買ってきて、と頼みにくかった。

そこでスマホで通販サイトに注文。日用品や本などを調達するのは、身内に頼むより早い。届けば看護助手さんがベッドまで届けてくれるので、自分で点滴をぶら下げながら院内コンビニに行くより楽。痛み軽減のため病院から支給された三角巾が自分の体格に合わないので、これもネット注文したが、医師も看護師もダメとは言わなかった。

ネックは保証人と引受人

甥、姪はいるが、親族に頼るという発想はまったくない。ある程度の年齢になったら、判断力のあるうちに施設に入るつもりだが、ネックになるのが保証人と引受人だ。現在も保証人の仕組みはあるが、まだ第一の選択肢にはなっていないと思う。親族以外に依頼できる制度をしっかりと確立してほしい。私は独身、子どもなしだが、既婚でも子どもがいない友人は同じ考えだ。 (葉子・72歳)

人工呼吸器をつけたまま退院!?

細菌感染で手術した母が、入院中に心停止となり、救命中に低酸素脳症を起こし人工呼吸器を装着する羽目に。あれよあれよという間に意思疎通もできない状態になりました。入院するまで現役バリバリの税理士だった母が人工呼吸器で生かされているという現実に茫然。いつか意識が戻るはずと信じ、毎日病院に通い、話しかけ、手足をさすることしかできません。3カ月後、看護師さんから「病状が固定し、治療することがないので退院してください」と言われパニックに。それでも、MSWに相談し、地域包括支援センターで介護保険の申請をし、母の受け入れ先を探しましたが、遠かったり高かったりで適当な施設が見つかりません。こうなったら、絶対動かさない！ と決意して退院拒否。いま、5カ月目です。 (なつみ・40歳・外資系勤務)

【MSW】
医療（メディカル）ソーシャルワーカー。保健医療分野の社会福祉士。

機械に「うるさいよ！」

孫がスマートスピーカーをプレゼントしてくれました。機械に呼びかけた後、「〇〇（孫の名前）に電話」とつぶやけば電話が自動的に孫にかかる。以前、自治体から借りていたペンダント型の安心コールは使いにくかったので、今度は安心です。ただ、「電話」という単語が会話に入っていると、それを感知して「どこに電話するのですか」とうるさく言ってきます。犬の前で「散歩」という単語は禁句なのと同じような状況がちょっと面倒。（睦子・91歳）

不安解消に永遠のクラス会？

バツイチで子どもはいません。仕事先のデイサービスに来ているほとんどのお年寄りには家族の支えがあり、おひとりさまには金銭的余裕がある。私にはそのどちらもなく、いつか人の手を借りる日がきたとき、公的サービスを自ら探し当てることができるのだろうかと不安になります。甥がいるけど、その親（私の実兄）に「俺の息子に面倒だけはかけるな」と言われたので、後見人（192ページ参照）を立てるというのもアリだけど、いつ、誰に？

男女問わず「老いてなお独身だったら一緒に住もうよ」と同級生たちに声かけてます（笑）。

（孝明・51歳・介護事業所勤務）

Phase2の乗り切り方

互助の精神で周囲に助けを求めよう

健康に不安はないと思い込んでいたけれど、健康診断で高血圧、高脂血、高血糖を指摘され、腰痛、膝痛に悩まされ始め、内科、整形外科、歯医者と医者通いも増えてきた……。こうなったらいよいよＰｈａｓｅ２への突入です。この時期、がん、脳卒中、心臓病など大病にかかることも珍しくはありません。が、ここでくじけるには、先はあまりにも長い。

老いを感じたり、病を得たり、弱ってきたなと思ったら、自分の体と向き合うときが来たのだと覚悟したほうがよさそうです。ここからは、無理のないリカバリーを目指して、自分で自分を大切にすることを心がけましょう。自分を大切にすることは、偏った情報に固執することでも、自分だけが正しいと思い込むことでもありません。素直に誰かに助けてほしいと言えること。これが自分を大切にする第一歩です。

他人に迷惑をかけないことをモットーに生きてきた人でも、素直に助けを求めたら応じてくれる人は必ずいます。家族でも、ご近所でも、友人、知人でも、医者でも、行政でも、ボランティア団体でも、頼りになる人を見つけてください。

おひとりさまの不安は「身元保証」と「認知症」

この時期に陥りやすいのは、長期の入院で足腰が弱くなって歩けなくなること、悲観して人生をあきらめること、自説に固執して他者の言うことを聞かなくなること、そして、誰かに依存して自分で考えなくなること。これでは長い老後を生きていくことはできません。

一人暮らしで近親者もいない高齢単独世帯が急増している日本社会で、いまだに入院や入所に「家族の同意」を求めたり、明晰な意思表示ができる人からも本人以外の「手術同意」を求めたりすることがあります。「おひとりさま」の二大不安は、〈入院時に家族の身元保証を求められたらどうしよう〉と〈認知症になるのが怖い〉です。どちらも、事前に準備しておくことで解決するはずです。

入院時の保証人は「生計を一にする家族不可」の病院もあれば、「診察券」を持っている人は保証人なしでOKという病院もあり、「身元保証」は、医療機関や介護施設によりけりです。身元不明の人が意識不明で救急搬送されてきたら病院だって処置に困る。病院や施設が欲しいのは情報です。原則的には、本人の経済的裏付けの有無や既往症などの情報不足を担保するための病院・施設側の安心材料ですから、本人がしっかり意思を伝えられるよう事前準備をしておけばよいのです。たとえば、救急搬送される事態を想定して、緊急連絡先や既往症、服薬情報などを記入した救急カードを救急隊員の見えるところに貼っておく、血液型や緊急連絡先を記した意思表示カードを携帯しておくなど、できることがあります。

話のできる「かかりつけ医」を見つけよう

腰痛、高血圧、不眠など、この時期に医者通いを始める人も多いでしょう。この時期、信頼できて、話の通じる「かかりつけ医」と出会えた人はラッキーです。特に認知症になるのが不安なおひとりさまこそ、医者通いを億劫がらずに、なんでも相談できる「かかりつけ医」を見つけておくといいかもしれません。軽度認知症や認知症初期に効果のある治療薬も承認されていますから、「かかりつけ医」に不安を伝えておくことで早期の治療に取り掛かる機会が得られます。

また、不調のたびにあちこちのクリニックや病院にかかっていると、その都度、処方される薬で多剤服用状態に陥ることもあります。薬には副作用がありますし、何種類もの薬を同時に服用することで、薬の作用が増幅されたり、効果を消し合ったりすることも起こります。漫然と処方された薬を服用し続ける弊害は思いのほか多いようです。ただし、自己判断で処方された薬の服用をやめたり、処方以外のサプリメントを無断で追加したりするのは厳禁です。かかりつけの医師や薬剤師に服薬の相談、服薬管理を依頼しましょう。

弱っているいまだからこそ、これからの長い老後のためにどんな準備をしておけばよいかを考える。これが、〈自分介護〉の始まりです。

記憶力低下をデジタルで解決

この時期避けるべきことは「身体的フレイル」と「精神的フレイル」。動くことと考えることが衰えると一気に弱ってしまいます。日々の買い物が負担、物忘れが増えた、体力が衰えたなど、年をとると何かと不便な生活を強いられがち。介護認定を受けるほどではないけれど、誰かがちょっと助けてくれたら楽に暮らせるのに、と嘆くことも増えてきます。

そんな悩みの強力な助っ人はスマホやデジタル機器かもしれません。スマホは脳の外にある記憶装置であり、移動のいらないショッピングセンター、必要な情報を届けるコンシェルジュ、体の不調をカバーする体力サポート装置、強力なコミュニケーション装置です。高齢者の悩みの8割はスマホやスマートウォッチを使いこなすことで解消できるでしょう。

親の介護が射程に入った子ども世代は、もっと積極的に老親のデジタル生活をフォローすべきです。80代、90代の親がスマホを使いこなせるようになっていれば、子ども世代の苦労の半分以上が解消できるはずです。

Phase 2

ここがポイント!!

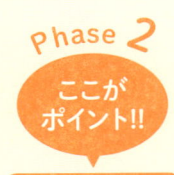

●偏った医療情報に固執したり、家族に依存して思考停止したりしない。
●認知症や身元保証について、むやみに不安にならない。

Phase 3

要介護生活突入

在宅か施設か

〈自分介護〉の天王山

年をとっても現役バリバリ。子どもや孫に囲まれて
穏やかな隠居生活。気ままなシングルライフ……。
それでもいつかは必ず
誰かの助けが必要なときがやってきます。
――天は自ら助くるものを助く――
できないことが増えたからといって
自分の〈生〉を他者に丸投げすることはありません。
要介護状態になったときこそ
〈自分介護〉の本領発揮です。

事例13

介護申請

腰痛で歩けない中、自分で介護申請あまりの煩雑さにびっくり

――いますぐ助けてもらいたかった純子さんの場合

純子さん（65歳）は、1年ほど前に腰痛と膝の関節痛を発症。激痛に加えてしびれがあり、足に力が入らなくなった。

「当初は、痛みで椅子に座れず、ベッドで寝返りも打てませんでした。歩けないのでトイレにも這っていく始末。家事ができないどころか、整形外科への通院も一人では無理で、寝たきりに近い状態でした」

純子さんには社会人の子どもがいるが、いまは独立しており、東京都内で夫との二人暮らし。発症してからは、夫が家事一切を引き受け、通院にも付き添った。

夫婦二人が倒れたら

ところが、ある日、夫が腹痛を訴え、救急搬送される。

「かかりつけ医を受診したら、緊急手術が必要かもしれないと、そのまま救急車で病院に運ばれてしまったんです。当時、私の病状は一進一退。自分のことさえままならないのに、病院から『すぐに来てください』と言われて、慌てました」

その日は都内に住む長女に連絡を取って一緒に病院に行ってもらい、手術の立ち会いは長男に頼んだ。が、子どもたちは働き盛り。残業や出張で忙しく、頻繁に仕事を休んでくれとは言えない。

入院着や歯ブラシなどは病院に依頼すればよいが、スマホの充電器や老眼鏡など家から届けなければならないものもあり、そのうえ、入院同意書を翌日の昼間に受付に提出しろとのこと。リュックを背負い、旅行用バッグを斜めがけにして、杖をつきながら病院にたどりついたら、受付の人が慌てて院内用のショッピングカートを持ってきてくれた。これから入院する患者だと勘違いされたようだ。

ちょっと助けてほしいだけなのに、とても煩雑な手続き

その頃は、さすがにトイレに這っていくことまではなくなっていたものの、日常の家事がままならなかった純子さん。スーパーマーケットではレジ待ちで立ってい

ることがつらく、重い荷物も持てない。杖をついているので、ゴミ出しもできない。夫が入院前に注文した米が宅配便で届き、玄関前に置かれたが、一人で中に取り込むこともできなかった。

ちょうど65歳になったばかりだったので、買い物やゴミ出しをヘルパーさんに頼めないかなあ、と考え、自治体の地域包括支援センターに問い合わせてみた。

「たった一人で、毎食、どうしようと途方に暮れました。冷静に考えれば、食事はフードデリバリー、買い物はネットスーパーだっていいはずなんです。でも、夫の入院で気が動転していたのでしょうね」

ところが、まずは1週間後に、自治体の相談員が自宅に来て状況の聞き取りをするという。ヘルパー派遣はおよそ1カ月後と言うので、いったんはあきらめたものの、介護に詳しい知人に相談すると、「緊急性があればもっと早く来てもらえるかもしれないから事情を詳しく伝えたほうがいいわよ」とアドバイスされた。「整形外科系の病気なら介護申請が早く通るかもしれない」とも……。

そうして、地域包括支援センターに電話すること三度。自分の病状、夫の入院を詳しく伝えたところ、ようやく緊急性があると判断されたのか、相談員が翌々日に来ることになった。

やれやれ、これでヘルパーさんが来てくれる……と安堵したのは大間違い。

相談員が来た翌日、自治体から介護認定の調査員が自宅を訪れ、どの程度歩行ができるのか、足はあがるか、家族の支援はどうか、認知症がないか、などを調査。さらに次の日、「見切りで介護認定をすることになったので、仮のケアプランを作ります」とケアマネジャーがやってくる。またまた次の日は、介護事業所の責任者が来て、契約書の作成。そうして、さらにその翌日、ようやくヘルパーがやってきて、ゴミ出しと洗濯をしてくれたのだった。

「ヘルパーさんの依頼だけで、こんなに大変だとは思いませんでした。ちょっと家事を手伝ってほしかっただけなのに。毎日次々と違う担当者が来て、あれこれ説明して書類に押印やサインを求めてきます。訪問時間も先方の指定で、こちらの都合はほとんど聞いてもらえませんでした。ケアマネさんからは、廊下に手すりを設置したらとか、介護用ベッドに入れ替えたらとか言われ……。こちらは、その間に夫の手術で病院からの呼び出しがあったり、差し入れが必要になったりしていたので、対応だけで疲れ果てました」と、純子さん。

他の介護サービスもあったのに

ちなみに、純子さんの住む自治体では、「緊急一時介護人派遣」という制度がある。病気やケガをした際、介護認定がなくても3日間までなら緊急でヘルパーを派遣してくれる制度だ。純子さんがこの制度を知ったのは、介護事業所の責任者と雑談をしていたとき。地域包括支援センターからはこの制度についての説明は一切なかった。純子さんは、この派遣制度の利用で十分だったのではないかと思っている。「自治体のホームページに掲載されていますよ」と言われたが、制度自体を知らない人には見つけにくい。腰痛でパソコン検索は苦痛だったし、夫の入院手術で気が動転していた純子さんが、介護情報をくまなく収集するのは難しかっただろう。

それでも、介護申請してよかったと思っている純子さん。「正直なところ、あまりに面倒で申請なんかするんじゃなかったと思ったこともありました。でもこれから先、年齢とともに判断力が落ちていきますから、いまやってみたのは正解。当事者になって初めてわかったことも多いので」と話す。まだまだと先延ばしにしてきた〈自分介護〉について、真剣に考えるきっかけになったそうだ。

解説

早めの介護申請とお試し介護で、「上手に他人に頼ること」に慣れておく

病気やケガで動けなくなったら、誰に助けてもらうのか――。まず頭に浮かぶのが、介護保険制度による公的な介護サービスだろう。でも、毎月介護保険料を払っているからといって、「誰でも、すぐに」公的な介護サービスが受けられるわけではない。自治体に申請し、認定された人のみが利用できる仕組みになっている。

〝いま大変〟なことに即応するようにはできていない

公的な介護保険サービスを申請できるのは、65歳以上の人、もしくは40～64歳で、脳梗塞や脳出血、認知症、膝や股関節の変形性関節症、関節リウマチ、がん末期など16の特定疾病の人だ。かつ、申請からサービスを受けるまで、通常では1カ月以上か

かり、制度自体、たったいま大変なことに即応するようにはできていない。

緊急性があると判断されると、事例13の純子さんのように早くサービスを受けられることもあるが、あくまで行政の判断次第。急に動けなくなったとしても、すぐの対応は難しいと思ったほうがよさそうだ。一方、病気やケガ、筋力低下などで徐々に弱ってきた場合、または療養が長期にわたりそうで定期的に介護や家事を依頼したい場合は、介護保険制度による介護サービスの利用を積極的に考えよう。

すぐにサービスを利用するかどうかわからなくても、備えとして介護認定だけでも受けていれば、必要なときに即サービスの利用開始ができるので、切羽詰まる前に、まずは気軽に申請してみてほしい。

サービス内容は自治体によって異なる

急に体調が悪くなった自分が一人で介護申請をするのは大変な作業だ。どう伝えれば緊急だと判断してもらえるかがポイントなので、説明の仕方を事前にシミュレーションしておこう。同時に、ゴミ出しをしてほしい、浴室の掃除を頼みたいなど具体的な要望を事前にまとめておくとよいだろう。相談員や調査員はお客様ではないし、自

身の体調の悪さを伝えるためにも、玄関まで出迎えてスリッパを揃えたり、お茶出しをする必要はない。

介護保険制度による介護サービスは、大きく分けて、施設サービスと在宅で身体介護や生活援助を受けるサービスの二つ。サービス内容は多岐にわたり、自治体によって異なるが、たとえば、在宅の訪問介護なら、食事・入浴・排せつなどの身体介護や、調理・買い物・洗濯・ゴミ出し・掃除といった生活援助。デイサービスや訪問看護、訪問リハビリ、福祉用具の貸与など。

利用できるサービス内容や利用限度額、利用料の自己負担分などは、認定された要介護度やサービス内容・量によって異なるので、ケアマネジャーと納得がいくまで相談したい。

介護保険外のサービスについては31ページの表を参考にしてほしい。

お試し利用で、自分に合うサービスを探す

どれを利用するにしても、動けなくなってからサービスを探したり、会員登録したりするのはつらいもの。ちょっと腰が痛い、膝が痛む、家事ができないという早めの

【訪問介護サービスのできること、できないこと】
https://www.alsok.co.jp/person/recommend/2188/

段階で介護申請をし、認定されたらリハビリや杖など福祉用具のレンタルを利用してみたり、有償ボランティア等のサービスをお試し利用したりして、自分の生活に合っているか確認してみるのもいいかもしれない。

〈自分介護〉成功の秘訣は、家族以外の他人の力を上手に頼ること。なんでも一人で頑張らないこと。それに慣れておくことも必要なのだ。

■介護申請・認定の流れ

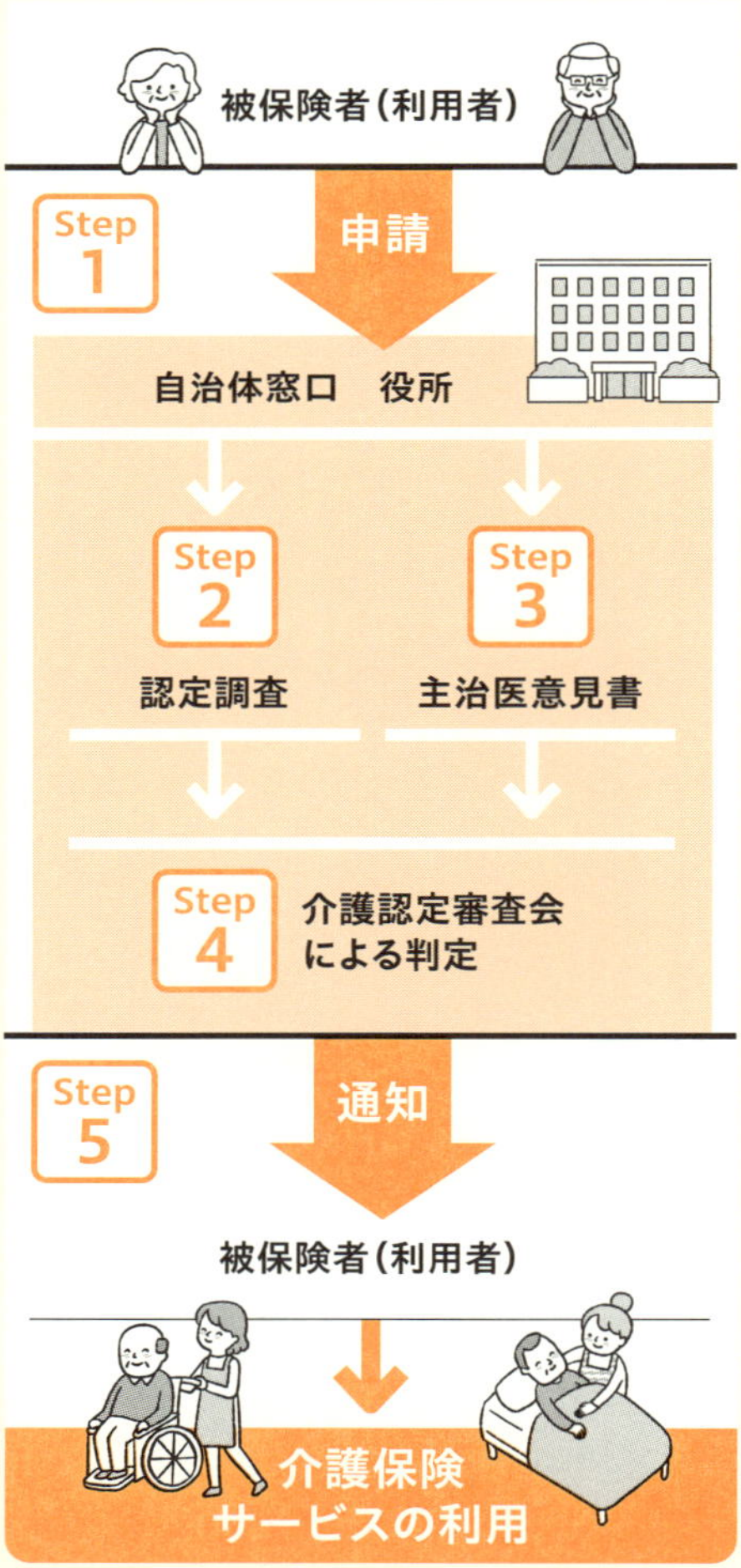

事例14

70代の両親が同時に要介護状態に入院か施設か在宅か

——想定外の事態にあたふたした圭太さんの場合

在宅か施設か

忙しさにかまけて親の介護のことなど考えてもみなかった圭太さん（43歳）が、電話で話す父親の様子がどうもおかしいと気づいたのは、つい最近のこと。しかし、妹はずいぶん前から母からのSOSを受けて、こまめに顔を出してくれていたらしい……。

父が壊れ母が疲弊……同時介護の危機

「お父さんがおかしいのよ」

母からの電話を受けても圭太さんはピンとこなかった。老夫婦のいつものいさかい、母の愚痴だろうと聞き流していた。関西地方の実家から車で30分の隣の市で暮らす妹から、「お父さん絶対におかしい。認知症かも。言うことがころころ変わる

し、お母さんに怒鳴ったりもするのよ」という連絡を受けて、何事か起きていると初めて気づいたという。慌てて帰省したものの、事態は思った以上に深刻だった。

「父の言動に振り回されて、母が限界を迎えていました。朝方のとんでもない時間に食事が用意されていないと怒鳴り散らす、思うようにできないと手が出ることもあると聞き、帰省して医者に連れて行ったり、地域包括支援センターを訪ねて介護相談したり。診断はアルツハイマー型の認知症でした。介護保険の申請をして、とりあえずケアマネジャーと話をすることができましたが、これを1週間の有給休暇中にこなすのは大変でした」

これまで母と妹に押し付けて、東京で仕事にかまけていたことを反省して、長男として相応の介護負担を引き受けようと決心した圭太さん。介護の情報収集から始めたのだが、想定外の出来事が次々と襲ってくる。

「認知症って、物忘れや居場所がわからなくなることとか、くらいの理解しかなくて。こんなに怒りっぽくなったり暴れたりするなんて、思ってもみませんでした。正気で話ができるときもあって、症状が出るときと出ないときのギャップが激しいので、これも悩みの種でした」

十分とは言えないながらも父の介護態勢を整えて帰京した圭太さんを追いかけるように、妹から電話がきた。

「お母さんが倒れちゃった。心臓病だって。いま、入院したところ」

両親を一緒にはおいておけない

頼みの綱の母が倒れるなんて、これも想定外だった。

「心労がたたったのか、発作を起こして救急搬送されたそうです。手術したこともあって入院は1カ月にも及びました。それでも、母の入院で時間的余裕ができたのは不幸中の幸いでした。母のいない間、父の症状も少し治まったようにも見えたし、ヘルパーさんを派遣してもらったので、父もなんとか順調に一人暮らしを送れるようになって、僕もほっとしました。今のうちに、母の退院後の生活を考えておかなくてはと頭を切り替えました」

母が安心して暮らせる施設を探し始めた圭太さん。ある重要な事実に気づいた。両親の経済状況などまったく知らなかったという事実に。

「年金生活だというのは知っていましたが、生活費にいくらかかっているか、貯蓄はいくらあるのかなんて知りませんでした。介護付きの有料老人ホームに入居するには実家を売却しなければいけないこともわかりました。もちろん、両親を別々の施設に入れるのも、月々の利用料を考えたら無理な話です」

すると、母親は体力が落ちているにもかかわらず「やっぱり家に帰りたい」と言う。父親は「俺はどこにも行かない」の一点張り。仕方がないので、恐る恐る母を帰宅させた。

「父も母の入院が堪えたみたいで、帰宅後しばらくはおとなしくしていたようですが、2カ月もすると元の木阿弥でした。認知症にも内弁慶と外弁慶があるんですね。ヘルパーさんには遠慮できるのに、病後の母には声を荒げるんですから」

妹は介護疲れからうつ気味になるし、とにかく父と母を離す算段をしなくては、と、圭太さんは焦った。

スパイもどきの脱出劇

両親二人の生活が行き詰まって、妹は医療保険で入院できる精神病院に父を措置入院させることまで考えたという。最後は、父に隠れて母を連れ出し、当面妹の家で同居してもらうことにした。子育て真っ最中の妹一家に面倒をかけることになったが背に腹は代えられない。

「まるで、スパイ映画のようでした。僕が別室で父と話をしている間に、妹が母を父に気づかれないように自分の家に連れ帰ることにしたんです」

一人残された父親の生活も心配だが、本人はどこ吹く風。一日1回はヘルパーに訪問してもらっているが、いつまで続けられるか心もとない。安心して父親を任せられる施設を探して、母を帰宅させるのが長男の務めだと自らに言い聞かせている圭太さんだ。

介護保険で入れる施設があります費用を抑えたいなら介護老人保健施設

主任ケアマネジャー
介護事業所経営
佐々木世津子

介護保険の施設サービス

民間の老人ホームは高騰しています。入居金が何千万円で月額利用料が数十万円となると、夫婦二人分の費用を工面できるのは限られた人しかいないでしょう。その点、介護保険サービスで入れる公的施設は、費用面では大きなアドバンテージがあります。ただし、民間の老人施設に比べ入所条件は厳しめです。

介護保険で入れる施設には、「特別養護老人ホーム（特養）」「介護老人保健施設（老健）」「介護医療院」があります（167ページ参照）。「特別養護老人ホーム」は要介護度が3以上でなければ入所できません。年金程度の利用料で済むので人気がありますが、その分、入所待ちの人が多く入所までに何年もかかっています。

事例14の圭太さんのお父さまには、「介護老人保健施設」をお勧めします。老健は、退院後、自宅に帰るのが不安な人に対して、施設でリハビリに取り組み在宅復帰を目指す施設です。医師による医学的管理の下に、看護、介護、リハビリ、栄養管理、食事、入浴などのサービスが提供されます。

ただし、自宅復帰が目的ですから終身利用を目的とはしていません。入所期間は原則3カ月で、3カ月ごとに「入所継続」か「退所」かの判定会議があり、「退所」と判断されれば退去の手続きをしなければいけません。が、状況が変わらず入所継続の方も多く、何回も継続して数年間入所している方も少なくありませんし、看取りまで行うケースもあります。老健に入所している間に「要介護3」がとれたら「特養」に申し込み、待機するというのがベストかと思います。老健なら費用も月額10万円以内に抑えられます。

老健にはショートステイもあります。在宅介護中、介護をする側が体調を崩したり、

外出する際、短期間入所して介護を代わってもらう仕組みです。圭太さんのお母さまは介護負担に耐えられないくらい体調を崩しているわけですから、すぐにでもショートステイを利用できると思います。

遠距離介護のサポート

遠距離介護の場合は、帰省するたびにかかる交通費もばかになりません。交通費を節約するには、新幹線なら「えきねっとトクだ値」や、予定が決まっている場合は「早割」、「エクスプレス予約」など、40%、50%割引のサービスがあります。JR各本社の情報を確認してください。飛行機なら、全日空、日本航空、ソラシドエア、スターフライヤーには「介護帰省割引制度」があります。飛行機移動が可能な地域ならぜひ活用してください。

ちなみに、ご両親の金銭管理は大丈夫でしょうか？　銀行が「認知症で判断能力がない」と判断すると、本人の口座が凍結されることがあります。家族や圭太さんが「代理人」の指定を受けて代わりに入出金を行えるようにしておくことも必要になってきます。スマートフォンで口座管理できる機能も利用したいですね。

【介護帰省割引制度】
ANA→https://www.ana.co.jp/ja/jp/guide/plan/fare/domestic/kt/
JAL→https://www.jal.co.jp/jp/ja/dom/fare/rule/pass/kaigo.html

Column

「認知症カフェ」と「看多機」

社会的孤立を防ぐ

2012年の「認知症施策推進5か年計画（オレンジプラン）」(厚生労働省)で明記された「認知症カフェ」。2015年には「認知症施策推進総合戦略（新オレンジプラン）」（厚労省ほか）で全国の市町村での設置が推進され、2018年末には全国に約7,000カ所が設置されたという。

「認知症カフェ」は、患者本人だけでなく、その家族や、介護・医療の専門家らが集まって、不安を吐露したり、対処方法などを相談したり、理解し合う場として生まれた。予約なしで気軽に参加できる場になるよう「カフェ」と名付けられたという。

ただ、設置場所がコミュニティセンターや公民館、老人ホームの施設内などが多いため、一般の人がふらりと立ち寄れるほど開放的でないのが難点だ。

参加を希望する人は、近隣の開催場所を探すことから始めよう。

看護小規模多機能型居宅介護

点滴や吸引などの医療ケアが必要な要介護者を家族一人で介護することは不可能だ。老いた夫や妻を、老いや病気を抱えた妻や夫が自宅で介護する「老々介護」となるとなおさらだ。

夫婦や親子、兄弟姉妹が介護で共倒れになるのを防ごうと、2012年に誕生したのが「看護小規模多機能型居宅介護」事業所、通称「看多機」。それまで、訪問介護、訪問看護、デイサービス、ショートステイなど、別々の事業所が担っていた介護保険サービスを一括して対応する事業所だ。医療ニーズが高く、自宅での介護に限界を感じていても、公的施設入所は順番待ち、民間の介護付き有料老人ホームは高額で入居できる人は限られている。自宅近くに、訪問看護や通所、宿泊に24時間態勢で対応している「看多機」事業所があるか、利用可能かどうか調べておいて損はない。

親子で体験入居

自分の都合に合った短期入居で高齢者住宅の価値を実感

―〝母のため〟が〝自分のため〟になった恵利さんの場合

私の実家は、60年近く前に建てられた公団住宅の4階。エレベーターはないが、高齢になっても母はそこに一人で住み続けた。階段を使わないところに早めに移っておいたほうがいいよと周りから言われても、運動になるからと頑張っていた母。緑が多く、ベランダから満開の桜を見渡せる団地には亡き父との思い出もあるし、母はここを離れたくなかったのだと思う。

4階から動けなくなった母

80歳を過ぎても、手すりを使い杖をついて郵便を取りに1階まで降り、ゴミ出しに行く姿を見て、私も頻繁に帰ってサポートし、90歳が近づき認知症の症状が現れてからは、ほとんど実家で一緒に過ごすようになった。介護認定も受けた。

そんなある日、母はついに階段昇降ができなくなる。過去の圧迫骨折に衝撃が加わり、寝返りも打てない。ケアマネジャーになんとか入院できる病院を手配してもらい、救急車で搬送したが、痛み止めと安静以外に治療法はないという。ケア病棟に移ると認知症は加速した。本人は姥捨て山にでも来た気分になり、早く出たいと訴える。

担当医には「言うこと聞かないし、やる気ないし、もう一生歩けないでしょう」と見放されてしまった。

このままここにいたらまずいと思い、他の病院へ紹介状を書いてもらって転院した。手術を勧められ、その後リハビリを続けて徐々に効果が表れ、３カ月後に退院となった。

退院後の母を一人にするのはもう可哀想に思えて、自宅で私が面倒をみると決めていた。私にきょうだいはいない。

そのためには、まず階段をクリアしなくてはならない。車椅子のように座って階段昇降できる福祉器具があることを知り、レンタルの予約をした。これで、自宅から病院に行くのもデイサービスに通うのも可能になる。

一人介護の不安を解消するために

不安ながらも母の退院前に準備は整ったと思えたが、周りから、シニア住宅や施設の見学を勧められ、介護施設の斡旋会社を紹介してもらう。案内された新築のサービス付き高齢者向け住宅（サ高住）はきれいなホテルのようで、スタッフも明るく感じがよい。老人ホームと違って、私と二人で入居できるのだ。理想的だが、月々の費用が高く、母と私の収入では足りない。自分の老後を考えると、ここで貯金を使い果たすわけにもいかない。

そのとき先方から、とりあえず短期入居してみて、要介護5のお母さんの介助、介護がどの程度必要なのか様子をみてみたら？　と提案された。自宅でやっていけそうなら帰り、手に負えないと思えば老人ホームに移ればよい。賃貸で敷金も手数料もないのだから、と。なるほど、その手があったか。

ここにいれば、介護の経験や知識のあるスタッフたちになんでも相談したり、介助の仕方を教えてもらったりできる。急きょ入居を決めた。

リハビリを終えて退院してきた母は、広いエレベーターでストレッチャーごと部屋まで移動。あー、なんてスムーズ。

母の様子を確認するために集まった支配人、館内に常駐のケアマネジャー、訪問看護師、理学療法士、デイサービス施設の介護士、介護用品のレンタル業者が見守るなか、母は手すりにつかまって数メートル歩けるようになっていた。「おーっ！」と歓声が上がり、こんなに味方がそばにいてくれると私は心強く思った。

その後、必要な手すりが付き、リハビリやデイサービスの日が決まる。他にも、訪問医師、薬剤師など出入りの人たちは施設のスタッフと連携がよく、話が通じやすい。

マシンや器具の揃ったジムでは、健康体操や嚥下強化トレーニングなどが毎日行われ、母も車椅子のまま体を動かし、脳トレのゲームにも参加した。

館内は完全バリアフリー。室内の床は柔らかい素材で、転んでも衝撃が少ない。広いトイレ、車椅子のまま使える洗面台等々、自宅をリフォームする際のヒントになりそうだ。各部屋にキッチンはあるが、食堂の食事がヘルシーで美味しく、別料金だが値段も安い。なんと母はほとんど完食。参考になるので、このときの写真付きメニューは保管しておいた。

ここに2~3カ月いる間に、少しずつ筋力が付き、話し相手もできて認知症も抑えられるかも。何より、私が介護に慣れるための準備期間としてとてもいい選択であった。

入居資格は60歳以上、本人もしくは同居人が自立していることが条件。配膳下膳がセルフサービスなのはリハビリにもなるからで、スタッフが目を配ってサポートはしてくれる。母の場合は私がいてこそ入居できたわけだが、一人で入居の車椅子ユーザーも軽い認知症の人もいた。ただ、自立が難しくなったら、そのときはよそへ移らなくてはならないのだが。

サ高住がなんなのか母は理解できていなかったが、久しぶりに昼も夜も私がそばにいることで安心していた。短い間なので家具はすべてレンタルしたが、小物は見慣れたものを持ち込んでおいた。

充実の設備とサービスをフル活用

しかし、残念ながら母は新たな病気が見つかって近所の病院に入院してしまう。病状は深刻で、予定よりさらに短期の入居になるのかもしれない。何も予測できないまま、ただ待つしかない日々。

コロナ禍で面会はできないが、病院からあまり離れていられないため、私は一人でサ高住ライフにどっぷり漬かることになる。

せっかくだから施設でできることをすべて体験しようと、ヨガや太極拳、麻雀教室、庭の畑で野菜作りなどに参加したり、時々企画される寿司やフレンチなどの食事に友人を呼んで、カラオケも利用したり。部屋の浴室とは別にある人工温泉の大浴場もリラックスでき、おかげで不安な気持ちを紛らわすことができた。

入居者の平均層は80代。他の高齢者住宅から移り住んできた人、本人はまだ自宅で暮らしたいのだが心配した息子や娘に入居を勧められた人、もう料理をしたくないから入ったという老々介護の夫婦……、先輩たちの話は、自分の今後を考えるうえでも勉強になる。

結局、母は戻ってこられず、3カ月後に病院で亡くなった。一緒に過ごした日は2週間に満たないが、快適な部屋で娘に付き添われ、母は本当にストレスなく暮らせたはずだ。たまたま出会ったサ高住で、短くてもぎゅっと凝縮された充実の介護生活を送れたことに感謝している。

事例 16

施設入所

入所した理由は究極の断捨離だった

――3000万円の施設に入所した佐代子さんの場合

定年まで公務員として働き、定年後の20年近く、年金とアパートの家賃収入で悠々自適の生活を送ってきた佐代子さん。アパートは親からの相続物件だったが、自宅はローンを組んでコツコツ返済して手に入れた東京都内の一軒家、70坪の瀟洒な洋館だ。

シングルマザーの奮闘

「自分でも頑張ったと思います。離婚して、まだ幼い二人の息子を抱えたときはどうなるかと思いましたが、40年間仕事を続けてきたからこそ、いまがあると思っています」

定年後は、地域に溶け込んで、趣味のサークルや勉強会、日本語教師としてのボランティア、友人との海外旅行と、休む暇なく自由な生活を謳歌していた。

ただ、佐代子さんには一つ悩みがあった。

「次男は結婚して家を出てから疎遠になりました。長男は同居していますが、引きこもりに近い状態で、同じ家にいても顔を合わすのはまれです。もちろん、食事も別々で、2階にいる気配は感じるけど、ほとんど一人暮らしの気分です。それもあって、次男夫婦も寄り付かないんでしょうね。それでもいいかなと思っています。長男の国民年金は私が払ってきましたし、退職金もまだ残っている。自宅と家作とを遺せば、私が死んでも長男はなんとか生きていけるでしょう」

これからは自分のためだけに生きていく。佐代子さんはそう決めていた。

突然の長男の死に呆然

長男と顔を合わせなくなって1週間。それまでは、3日に1回くらいは顔を見ることもあったのに……。妙な胸騒ぎを覚えて長男の部屋をのぞいてみると、床に倒れた長男がいた。急性心不全、死後5日が経っていた。警察の検視も受け、葬儀の準備もこなしたが、佐代子さんの心は空疎なままだった。

「何日が経ったのか記憶もありません。なんで気づいてやれなかったのか、悲しみより後悔のほうが大きかったですね。何より、なぜこんなにも喪失感が強いのか、自分でも自分の感情が理解できませんでした」

長男を送ってからの数カ月間は何も手につかず、友人たちが気遣って訪ねてくれるけれど、何を話していいかもわからない。

「もうこの家にはいたくない。この地で暮らしていく自信もない。この先、近所の人や友人たちとどう付き合っていけばいいのか、何もわからなくなっていました」

老人ホームに入って身をゆだねよう

そんなとき、1冊のパンフレットを目にした佐代子さん。老人ホームに入れば、この苦しみから逃れられる！　そうだ、誰も知らない土地でまったく新しい生活を始めよう！

「生まれてからこのかた、自宅のあるこの地を離れたことはありませんでした。老人ホームに入れば、スタッフが仕事として見守りをしてくれる、介護の必要な一老人でしかない。思えば、人に見守られるような人生じゃなかった。親も早くに亡くなったし、子育ても仕事も自分一人で背負ってきた人生でした。最後くらい人に見守ってもらってもいいのでは。老人ホームっていい選択じゃないかと思えました」

佐代子さんは80歳になっていた。探し当てた老人ホームは入居金３０００万円。利用料は月額30万円。自宅から2時間は離れているが、大きな公園に隣接したリゾートホテルのような施設だった。

「一人で何度も現地に赴き、体験入所も経験し、スタッフとも話して決めました。自立型の施設だけど、介護が必要になったら隣接する介護棟に移れるし、看取りもしてくれるから安心でした。後は資金繰りだけになって」

月額利用料は年金と家賃でなんとかなる。入居金は預金と自宅の処分で賄えると算段した佐代子さん。持ち前の行動力を発揮して転居の準備に取りかかった。

「いま所有しているものはすべて手離そうと思いました。お気に入りの家具も、ブランド食器のコレクションも、何もいらない。すべてを残して不動産屋さんに託しました」

ホームの居室はコンパクトな２ＤＫ。家具も食器も家電製品も簡易なものを購入し、最低限の身の回りのものだけを宅配便で送り、転居は思いのほかスムーズに進んだのだった。

ゼロから始める新しい人生

「80のおばあさんが引っ越すには、何もかも捨てていくしかありませんね。ちょっと遅いけど、究極の断捨離でした」

老人ホームの暮らしはいまのところ快適だ。一人二人を残して人付き合いも断捨離したため、一から知り合いづくりを始めなければいけないが、入居者の雰囲気もいいのでそれほど心配していない。

「カラオケやジムやカードゲームの部屋もあって、遊ぶには事欠かないし、レストランもそこそこで満足しています。もっと若いときに、せめて70代で入居していたらこの設備や環境を満喫できたかもとは思うけど」

うつ状態で自宅で暮らしていたときとは比べ物にならないほど明るい笑顔を見せる佐代子さん。時として人生には無謀とも思える決断が必要なこともあるのだろう。

高齢者向け施設の種類は豊富自分に適した住まいを選ぼう

施設の特徴を把握しておこう

高齢者の住まいには多くの選択肢があります。希望する側のニーズと提供する側のサービスがマッチして初めて、安心安全な住まいとなります。「いざとなったら老人ホームに入るさ」とか「施設に入るのだけはごめんだ」というような大雑把な認識では、現代の施設選びには通用しません。最低限、高齢者施設・住宅の種類や特徴を頭に入れて、費用面を考慮しながら、自分に合った施設選びをする必要があります。

シニアホームコンサルタント
平 家宏
大学卒業後、不動産会社勤務、その後高齢者の住まいに特化したキットカンパニー(株)を設立。老人ホームの入居相談や見学同行等で家族をサポート、またセミナーの講師としても活動中。

高齢者施設は大きく「公的施設」と「民間施設・住宅」に分けられます。地方自治体や社会福祉法人、医療法人などが運営する「公的施設」と、不動産業、建築業、製薬会社、教育産業、証券会社など民間企業が事業主体になっている「民間施設」です。

公的施設の場合、「特別養護老人ホーム（特養）」は要介護3以上、「介護老人保健施設（老健）」は要介護1以上などの入所条件が決められています。公的施設は介護保険で賄われており、また、〈社会福祉〉という大目的がありますから、入所は申し込み順ではなく、介護度が重い、介護する家族がいないなどの理由によって優先度が変わります。高騰している民間施設に比べて、料金は安めに設定されていますので、入所希望者が多く、待機期間が長いのも特徴と言えるでしょう。「養護老人ホーム」だけは、介護は必要ないものの経済的理由で自立した生活ができない高齢者向け施設です（次ページの表参照）。

民間施設選びは早めに周到に

経済的余裕があれば、入所しやすいのは民間施設です。利用者のニーズに合わせて、環境・設備・サービスの質を重視した超高額物件から費用を抑えた入居一時金ゼロの

■高齢者向け施設の種類

公的施設(介護保険対象)	**特別養護老人ホーム(特養)**	要介護3以上の高齢者などが対象の施設。看取りまで対応可能で低価格のため、入所待ちが多い。
	介護老人保健施設(老健)	退院後すぐに在宅復帰できない高齢者が、リハビリや医療ケアを受ける施設。入所は数カ月程度。
	介護医療院	介護療養型の医療施設。医療ケアが必要な高齢者を対象としており、看取りまで対応。
	養護老人ホーム	身寄りがなく、経済的に困窮している高齢者などのための施設。
	経費老人ホーム ケアハウス	無料または低額な利用料で、食事や生活援助などのサービスが受けられる施設。
民間施設・住宅	**介護付き有料老人ホーム**	介護などのサービスが付いた高齢者向け居住施設。24時間、介護スタッフが常駐。
	住宅型有料老人ホーム	生活援助などのサービスがある高齢者向け居住施設。介護が必要になったときは地域の介護サービスを利用。
	健康型有料老人ホーム	食事などのサービスが付いた高齢者向け居住施設。介護が必要になった場合は退去しなくてはならない。
	サービス付き高齢者向け住宅	通称「サ高住」。生活援助などのサービスが付いた、バリアフリー対応の高齢者向け賃貸住宅。
	シニア向けマンション	高齢者向けに造られた分譲型のマンション。施設と異なり、生活に制約がない。
	グループホーム	認知症の高齢者がスタッフの援助を受けながら共同生活をする居住施設。

施設まで、選択肢は豊富です。

施設内で介護保険サービスが受けられる「介護付き有料老人ホーム」と認知症高齢者に特化した「グループホーム」を除き、基本は分譲住宅・賃貸住宅で、介護が必要な人は、在宅同様、外部の介護事業者と契約して介護サービスを受けます。住宅型や健康型、シニア向けマンションなどは、自立したシニアに向けた分譲・賃貸マンションです。

各施設の特徴を事前に把握したうえで、チラシやパンフレット、ネット検索などで探してみるのもいいでしょう。自分に合いそうな施設が見つかったら、元気なうちに必ず、見学・体験入所などを重ねてください。事例16の佐代子さんも高齢ながら何度も見学・体験入所をしました。必要に迫られた段階になってからでは施設選びはできません。元気なうちに目星をつけて、不断の情報収集をしておくことが必須です。

見学のポイントを押さえておこう

「サービス付き高齢者向け住宅（サ高住）」に親子で体験入居した事例15の恵利さんのように、何カ月間か実際に住めるならこれ以上の体験はありません。賃貸住宅であ

るサ高住ならではのシステムですが、ほかにも月額制で入居が可能なホームはあります。数カ月単位の入居ができるかどうかを確認してみるのもいいでしょう。

シニアホームを選ぶ際に参考にするべきなのは、①友人・知人の意見、②施設のホームページやパンフレットの確認、③不動産売買と同様に「重要事項説明書」を精読することですが、最も重要なのは、自分の目で見ること、つまり④見学です。何度も見学を重ねると見えてくるものがあります。

高齢者施設の見学は住宅展示場の見学とは違います。施設の設備・環境はもとより、施設の雰囲気を知ることも大事です。スタッフの対応に余裕が感じられないときは、人手不足のせいかもしれません。スタッフの定着率が悪いのか、採用条件に魅力がないのか、人手不足から見えてくるものがあります。スタッフに笑顔がないと、居心地はよくありません。自分や親が実際にここで暮らすことを想定して、不便なことはないか、まごつくことはないか、質問してみましょう。

何より、事前に、施設でどんな暮らしをしたいか、どんなサービスを期待するか、じっくり自分と向き合って、自分のニーズを書き出しておくことが大切です。入居してから「こんなはずではなかった」「思っていたのと違う」と後悔するのは、事前準備

が足りなかったせいでもあります。

ただし、「人気の施設は空きがなく、すぐには入居できない」「不人気の施設は空きがあっても入居後が心配」というのは、一般の分譲住宅や賃貸マンションを選ぶときにもありがちな現象です。その意味でも、施設入居を考えているなら、早め早めに準備することが大切です。

事例17

在宅死の選択

意志強くリハビリを続け、望みどおりに在宅死

——介護拒否の妻に立ち向かった宗男さんの場合

宗男さんの口癖は、「死ぬまで自分の家で過ごしたい。家の畳の上で死にたい」だった。そう考えるようになったきっかけは、85歳のときに肺炎を悪化させて入院したことだ。

2週間の入院で歩行困難に

頑健で日常生活に大きな支障もなく過ごしていたが、あるときから微熱が続くようになった。なんとなく体もだるく、胸も痛み、痰が出る。かかりつけの内科で肺炎と診断され、地域の総合病院に入院することになった。

しかし、熱は下がるどころか、ますます悪化。意識がもうろうとし、呼吸困難になったため、「いつ何があってもおかしくない」と家族が呼ばれる始末。

幸いなことに7日目ぐらいから徐々に熱が下がり、混濁していた意識もはっきりしてきた。とはいえ、85歳でベッドに寝たきりの日が長くなれば、当然のごとく、筋力が落ち、歩行が困難になる。肺炎は回復したものの、上半身を起こせる程度で、ベッドから下りて立ち上がることはできなかった。

急性期の総合病院なので、入院10日目を過ぎると退院を促される。病室に来た退院支援の看護師に、妻はいきなり、こう切り出した。

「こんな状態で、うちに帰ってこられても困るんです。私、面倒みられませんから。この人のおむつを替えるなんて、絶対イヤよ」

長女は、「そうね、こんな状態でうちに戻ってこられても、ママに介護は無理でしょうね」とそっけない。宗男さんは、家族の冷たい言葉に愕然とした。

なぜ自分の家に戻れないのか

妻はお嬢様育ちで、わがままだ。親同士が決めた話に逆らうこともなく結婚してみたら、料理はまともにできない、掃除は嫌い、生活は派手で買い物をしまくる、実家に入り浸る、とまったく主婦業に向いていなかった。もちろん手に職があるわけでもなく、結婚前も後も、一度も働いたことがない。宗男さんは、そんな妻に嫌気がさし、会社の部下の女性と不倫して、別居をしていた時期もある。兄が間に入って仕方なく家に戻ったが、50年たった現在でも妻はそのことを根にもっている。

いま住んでいる家は、宗男さんがローンを組んで購入したものだ。肺炎が治ったというのに、なぜ、自分の家に戻ってはならないのか。宗男さんは納得がいかない。

「私らの世代は、出征もしたし、戦後は企業戦士として日本経済発展に尽くしてきた。家を買い、家族を養ってきたではないか。尊敬されてしかるべき一家の主人が病気だったら、妻や子や嫁が献身的に介護をするのが当たり前だろう。かつての日本では、みんなそうやって年寄りの面倒をみてきたのだ」という思いがある。

夫婦仲がよいとは言えないが、家庭内別居というほどでもない。ごく普通の家庭だと思ってきた宗男さんは、「家に帰ってくるな」だの、「面倒はみられない」だの、妻に偉そうに言われることに、腹わたが煮えくり返る思いだった。

このとき、心に決めたのだ。死ぬまで自分の家で過ごそうと。他人に気を遣いながら過ごす老人ホームや病院で死ぬなど、まっぴらごめんだと。自分にはその権利があると。

とにかくトイレにさえ自力で行ければ、という信念

「家に戻る」と主張する宗男さん、「帰ってこられても困る」と言う妻。結局、子どもたちが相談し、一旦、回復期リハビリテーション病院へ転院することになった。リハビリ病院の入院期間は、宗男さんの場合、90日。その間に、自力でトイレに行けるようにならなければ、家には戻れない。とにかく必死でリハビリメニューをこなした。

杖があれば、なんとか自力で移動ができる状態となって、無事退院。自宅に戻ってからの宗男さんは、公的介護制度を利用し、理学療法士に訪問してもらってリハビリを受けたり、デイサービスでマシントレーニングをしたり、毎日杖をつきながら自宅の周囲を散歩するなど、とにかく健康状態を維持することだけに注力した。94歳のときには、風邪をこじらせ、再び起き上がれなくなったが、自宅でリハビリを続け、要介護4を、なんとか要介護2まで戻す。

とはいえ、加齢とともに身体機能は落ちていく。96歳になると、ふらふらと倒れるようになり、外出が怖くなった。ケアマネジャーに相談し、タクシーで往復して

いた通院をやめ、訪問診療を依頼した。

万が一のとき、救急車を呼ばないよう指示した訪問医

訪問医はとても穏やかな人で、「最期まで家にいたい。畳の上で死にたい」と繰り返す宗男さんの話をよく聞いてくれた。

いよいよ最期が近づくと、訪問医は、「万が一のときは、救急車を呼ばないでください。病院に運ばれたら延命措置をされ、ご本人の望まないことになるかもしれません。24時間対応しますので、容態が変わったら、私に電話をしてください」と家族に指示。

そして、宗男さんは望みどおり、自宅で亡くなった。97歳だった。朝、長女が宗男さんの部屋に行くと、すでに息をひきとっていたという。「父は、最期まで、自分のやりたいように生きた人。幸せだったのではないでしょうか」と長女。

家で死にたいという本人の強い意志。直前まで自力で動けたこと。長女も同居していたこと。そんな条件が揃っていたから、在宅死を全うできたのかもしれない。

解説

一人暮らし高齢者の安心は「医療・介護・行政につながっておく」ことから

宗男さんの事例17からは、きちんと要介護認定を受け、定期的に訪問診療を受けていたら、ほとんどの人は最期まで自宅で暮らすことができるということがわかる。

一人暮らしには覚悟と準備が必要

その唯一の条件は、本人が自宅で〈生〉を全うする覚悟をもち、その準備を怠らないこと。宗男さんの場合は家族がいたが、排せつ、入浴など家族に頼らず暮らすことを貫いた。

最期まで一人暮らしを望んでいる人にとっても、この事例は力強いモデルになるのではないだろうか。介護が必要になってからも一人暮らしができ、一人でも在宅死を迎えられる可能性を教えてくれる。宗男さんは家族と同居だったが、一人暮らしの場合は、こうした生活援助をヘルパー派遣で補ってもらうことができるから、要介護度が上がっても自宅で過ごしている人は大勢いる。

サポート情報に敏感になろう

まだ介護は必要ないけれど、一人暮らしが厳しくなったと感じている高齢者も多いことだろう。そろそろ施設入居を考えなくてはと思うが、有料老人ホームの数千万円という入居一時金に恐れをなす。いっそ行き着くところまで一人で生きてみようと覚悟するものの、不安感はぬぐえない。では、どうすればいいのだろうか。

一人住まいで安心して暮らすために、まずしなければならないことは「かかりつけ医」をつくること。これまで、大病院の受診経験しかない人も、近所の診療所（医院、クリニック）を受診してほしい。訪問医を兼ねている医師であればより安心だ。血圧やコレステロールで通う内科でも、腰痛で通う整形外科でもいいだろう。介護保険の申請をする際に必要な「主治医の意見書」を書いてもらうためにも、月に一度くらいは受診して、相談できる関係をつくっておきたいものだ。

地域の「民生委員」（85ページ参照）とも交流しておきたい。民生委員は、地域の一人暮らしの高齢者の見守りを行う。困りごとの相談にも乗ってくれる。

そして、日常生活に支障をきたすようになったら、迷わず「地域包括支援センター」に駆け込んでほしい。介護保険とつながるために、「要支援」でもかまわないので、介護認定を受けておこう。要介護には当たらないと判定されてもかまわない。介護保険に代わるサポートを紹介してもらおう。自治体や社会福祉協議会が提供する高齢者サポートを利用しない手はない。

たとえば、「高齢者にやさしいまちづくり」を謳う東京都豊島区では、有料の「家事手伝いサービス」「配食サービス」「生活支援サービス」などのほか、高齢夫婦・高齢一人暮らしの人向けに30分５００円で、電球の取り換えから家具移動などの「困りごと援助サービス」「粗大ごみ収集」など、多彩なサービスを用意している。

まずは、住まいのある自治体の高齢者サポート情報を調べておこう。医療・介護・行政の福祉サービスに自分からアクセスして、必要な援助を活用することで、一人暮らし高齢者の安心は担保される。最期まで在宅で自立して暮らしたい人は、元気なうちに着々と準備しておきたいものだ。

退院後は意識不明のまま有料老人ホームへ

8年前、母が脳幹出血で倒れ、救急搬送されました。救命はできたものの意識不明状態に。急性期病院で2カ月入院しましたが、病状固定で退院を迫られてしまいました。「意識不明のまま胃ろうで在宅するか」「療養病床でまず3カ月入院するか」「介護付き有料老人ホームにお願いするか」の3択を迫られました。病院のMSW（医療ソーシャルワーカー）に「あなたのお母さんならどうしますか？」と聞いてみると、「自分なら有料老人ホームにお願いする」とのこと。仕事をしながらの介護は無理ということでしょう。母の貯蓄で入居一時金はなんとか払えましたが、母の年金では月額利用料はとても払えません。毎月15万円ほどの持ち出しを4年間続けました。現役のときだったのでなんとかなりましたが、介護にはお金がかかると思い知らされました。

（健一 ·70歳・嘱託社員）

認知症カフェの効能

真里さんの父親（83歳）は軽度の認知症。帰省したときに、母親に代わって認知症カフェへ付き添った。驚いたのは、カフェでは父親の表情が穏やかになり、よくしゃべること。独身時代に神戸に住んでいたことや仕事での苦労などを楽しそうに話す。真里さんがこれまでに聞かされたことがなかった話ばかり。スタッフが上手に語りかけ、引き出してくれるようだ。帰宅してからもイライラが少なくなり、母親の負担も少し減っているような気がする。

オートロックマンションの孤独

功さんの母親（90歳）の日頃の口癖は「老人ホームなんて絶対入りたくない」。ある日、自宅で転んでケガをし入院した。退院が近づくと「もう家には戻りたくないよ。老人ホームを探して」と言う。あんなに嫌っていたのにどうしたのだろう。

最近、父親が亡くなり一人暮らしになった母親は、家では話し相手がおらず毎日ぼんやりとテレビを見ているだけ。転倒時も誰もいないので自分で救急車を呼ぶことになった。70代のときに、セキュリティが万全で安心できる終の棲家だと言って夫婦で購入したオートロックのマンションが、逆に孤立感を深めたのかもしれないと功さんは推測している。

個室入院が裏目に

母（88歳）は、認知症の症状が出たため、老人介護施設に入所。気配りができるスタッフが多く、友達もでき、楽しく過ごしていました。ところが、大腿骨骨折で入院することに。ちょうどコロナ禍だったので、感染が心配で、個室に入れてほしいと病院に頼みました。ところが看護師が足りないのか、病室をのぞいてくれる回数はごくわずか。誰ともしゃべらずに過ごす日が多かったためか、認知症が一気に進みました。大部屋にすればよかったと、いまも悔やんでいます。　（ゆかり・63歳・保育士）

愕然！
要介護3から要支援2へ

美波さん（35歳）は第一子の育休後に職場復帰した矢先、義母（64歳）が脳卒中で倒れ、同居介護をすることに。ケアマネがデイサービスとデイケアを組み合わせて週5日通えるプランを立ててくれ、義母もデイサービスが気に入って明るくなった。その1年後、介護認定の更新時期が来て、訪問調査員が面談に訪れた。結果は要介護3から要支援2へ。なんとデイサービスが受けられなくなってしまったのだ。退院直後より回復したとはいえ、介助なしの生活はまったく無理。調査時、義母は張り切って「こんなに元気になった。大丈夫。一人でできる」を連発し、夫は口を挟めなかったらしい。

一次判定はコンピュータで行うので義母が話したとおりに入力されると後で知り愕然とした。ケアマネに相談し、「介護認定審議会」に不服申し立てをして再調査依頼を決意。今度こそ家族の意見も聞いてもらい、正しく判定してもらうつもりだ。

頼る人がいない

私も妹も独身、一人暮らしだが頻繁には会っていない。その妹が、電話で話したが元気がない。身内に送ってきた葉書の内容もメチャクチャ。急な変化で、どうしていいかわからない。妹が（あるいは私が）介護施設に入るまでのことが一番の問題だ。いまから でも民生委員と仲良くするよう伝えようと思っている。無論、私も。　（澄子・80歳）

人生勉強代は安くなかった

2年前、中堅企業の会長職にあった弘貞さん（当時73歳）は社内クーデターで突然その地位を追われた。お金には困っていなかった弘貞さん。隠遁生活を送ろうと、入居金5000万円を支払って大手不動産会社が運営する伊豆の超高級老人ホームに入居した。豪華な食堂、ミニシアター、ジムが完備され、社交ダンスやチェスのサークルもある。が、当初は楽しかったものの徐々に飽き、自分より一回り年上の入居者たちとは話も合わない。医療体制も完璧だったが、元気な弘貞さんには無用の長物。

結局、2年で元々住んでいた千葉のマンションに出戻った。老人ホームは嫌だとマンションに残っていた妻には「入居金は人生勉強代ね」と、さんざん嫌味を言われた。健康で活動的な弘貞さんにとっては、早すぎる老人ホーム入居だったようだ。

向かいの施設に通えない？

宏子さん（69歳）は膝と腰の手術の後に動けなくなり、要介護1に。家の向かいに新しく開設した介護予防機能訓練施設に通ってリハビリしたいと、ケアマネジャーに頼んだが、そこは要支援の人しか利用できないという。仕方なく、ケアマネが探してくれた車で15分ほどの小さなリハビリ施設に通いだした。ワゴン車の送迎があるから困ることもないが、目の前にある真新しい立派な施設がうらやましい。介護制度に納得がいかない宏子さんだ。

Phase3の乗り切り方

自己決定権を大切に

加齢だったり、病を得たり、事故によって歩行不安になったり、きっかけはさまざまですが、誰しもいつかは介護の手を借りる日がきます。要介護状態になっても、基本的人権が失われるわけではありません。選挙権もありますし、財産権も、幸せを追求する権利もあります。何より、自分の〈生〉を全うする権利はすべての人にあります。むしろ、死ぬまで生きるのは義務と言ってもいいかもしれません。

「ぴんぴんころり」が理想だったのに、「子どもや家族に迷惑はかけたくない」のに、期せずして要介護状態になったら、「もうおしまいだ」と世をはかなみますか？　自分の思いどおりにいかない体を抱えて、ふてくされて誰彼となく当たり散らしますか？

要介護生活になったいまこそ、親の介護や自身がつまずいたときに得た経験値を生かす時です。「親のわがままに振り回されたな」「何もする気がなくなって廃人同様になった親を見てつらかった」「不機嫌な顔を見るのがいやだった」「早く死にたいと言うばかりでむなしかった」というネガティブな思い出もあれば、「感謝されてうれしかった」「毎日の小さな幸せを見つけて一緒に喜べた」など、親との最期の日々に幸せな思い出をもてた人もいます。

ネガティブな経験のある人は、自分はそうならないようにしたい。幸せな経験のある人は、自分もそうありたいと思うでしょう。家族であれ、専門職の介護士であれ、介護する側とされる側のよい関係づくりは、要介護生活に欠かせないインフラです。

さらに、歩けなければ車椅子、排せつ障がいがあればおむつやポータブルトイレ、嚥下機能が衰えたら流動食……。こうした身体機能を補うツールは、与えられるがままなら無力感が募りますが、これらはメガネや補聴器と同じく自分の能力の不足を補うものですから、自分で選ぶことが肝心。おおいに自己決定権を発揮することが、介護の質を高めます。

認知機能低下に備えておこう

とはいえ、認知症を患ったり、脳出血等の後遺症で意識障がいを起こしてしまったりしたら……？　不安が募る人は、いますぐ備えをしてください。幸い、がん同様、認知症も不治の病ではなくなりつつあります。認知症の進行を抑制する「レカネマブ」「ドナネマブ」という2種類の治療薬が厚生労働省により製造販売承認がなされました。これからは、おかしいと思ったら、軽度のうちに専門医を受診して、認知症治療をするということが通常になっていきます。

判断能力が低下したり、意識不明状態に陥ったりして、自己決定権や財産権を行使できなくなることを恐れている場合は、「任意後見制度」の利用を考えておくといいでしょう。「成年後見制度」は、本人が判断能力を失ったときに、家庭裁判所が「後見人」を選任する制度ですが、「任意後見制度」は、判断能力があるうちに自分で任意に「後見人」を選べて、任意後見人と財産管理や身上監護などを委託する契約を結びます。どのような支援を受けたいか、財産をどうしたいか、自分の希望を契約に盛り込むことができます。後見が開始されるのは判断能力が低下した後になりますから、事前準備としては最適です。「後見制度」についてはＰｈａｓｅ４でも詳しく触れます。

要介護生活を不満なく送るためには、覚悟と努力と準備が必要です。自分の介護は自分で決める。自分で自分の介護に責任をもつ。事前準備をして不安要素を取り除く――。要介護生活だからこそ、〈自分介護〉を貫きましょう。

Phase 3

ここがポイント!!

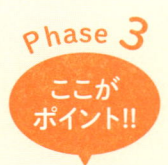

- 要介護生活に大切なのは自己決定権。
- 施設や介護サービスはイヤだと、一方的に拒絶しない。

Phase 4

エンディングを準備する

これが究極の〈自分介護〉

たとえ、最期の最期まで意識を保って
言い残したいことをすべて遺言できたとしても
死後のことは知るよしもありません。
行政手続き、葬儀、墓、相続、遺品整理……、
かつては安心して子や孫に任せていたこれらの
事柄を託せる家族がいないのが現代ですが、
信頼できる人を見つけて後を託せれば安心です。
事前準備を整えて穏やかに生きること。
これこそがエンディング期の〈自分介護〉です。

事例18

扶養義務の範囲

叔母の夫に死後の手続きを頼まれたけど、断りたい！

——親族の務めに悩む美紀子さんの場合

美紀子さん（62歳）の母親とその妹はよく似ていた。二人とも教員として定年まで勤め上げ、悠々自適の老後を楽しんでいた。家も近所で、姉妹二人で旅行に行ったり、食事をしたり、仲良く暮らしていた。

仲良し老姉妹が離れ離れになったら

「6年前に母が倒れて一人暮らしが難しくなり、私の家に同居することになって、叔母（81歳）とは離れ離れになってしまいました。そのせいかどうか、独身だった叔母は昔の教え子の勉さん（65歳）と同居することになって」

3年前に母が亡くなったときは、叔母も弱っていて葬式にも来られなかったのだが、「勉くんがいてくれるから助かっているの」と喜んでいた。叔母より3歳下の叔

父一家が近くに住んでいるのだが、勉さんと暮らし始めてからは疎遠になった。

「美紀ちゃん、ちょっと教えてほしいの。家や預金を勉くんに相続させたいんだけど、どうすればいいと思う？」

ある日、叔母から電話があった。子どものいない叔母の遺産は、遺言状がなければ叔父と美紀子さんが相続することになるが、世話をしてくれた無職の勉さんに遺したいというのだ。

「そうねえ、遺言状を書いておくか、いっそ籍を入れちゃえばいいんじゃない？」

軽く答えた後で、叔父にも伝えておかなくてはと、慌てて連絡をした美紀子さん。叔父は、あきれた口調で「いいじゃないか、好きにさせれば」と吐き捨てた。

晴れて夫婦となった叔母と勉さん。それから1年も経たずに叔母は旅立った。一人残された勉さんは、葬儀や相続について、なんでも美紀子さんに相談してきた。電話があるたびに親身に相談に乗ってきたのだが、よく考えたら勉さんのことは何も知らない。

「叔母の葬儀のときに一度会っただけでしたが、失礼ながら私と同世代なのになんだか常識のない人だなあと思いました。まあ、これから親戚付き合いするわけでもないし、もう会うこともないかなと思っていましたが……」

「僕が死んだらよろしく頼むよ」

勉さんは、「僕には身寄りがない」という。後の始末は美紀子さんに託したいというのだ。

「そんなあ！　びっくりです。私とは年齢が近く、叔母と結婚したとはいえ、よく知らない他人だし、身寄りがないと言われても本当かどうかわからない。そもそも私は300キロも離れたところに住んでいて、近所には妻の弟もいるのだから、私に頼むことじゃないでしょう……」

困惑しきりの美紀子さんだったが、勉さんは美紀子さんに頼り切りなのだ。それでも、勉さんが入院したり、介護が必要になったり、万一死亡するということになったら、美紀子さんがお世話をしなくてはいけないんだろうか。

「私が先に逝くことだってあるでしょう？　そうしたらうちの子どもたちに扶養義務が発生するの？　近くにいる叔父や従弟たちにも迷惑がかかるとか？　心配が次々に湧いてきてパニックになりかけました」

最近は、電話で話す勉さんの様子がおかしいと感じることも多いのだという。辻褄の合わない話をしたり、妙に楽天的になったり、悲壮感を漂わせてみたり。「ひょっとして認知症の初期じゃないか」と不安にもなってきた。

「勉さんが何を考えているのか、さっぱりわからなくて、市販のエンディングノートを買って送ってみたりしましたが、書いているのかもわかりません」

とりあえずは、勉さんの終活を手伝ってあげるくらいしかできることはないと覚悟した美紀子さん。まずは、専門家に相談だ！

判断能力が衰えた人の暮らしを支える成年後見制度 能力があるうちに任意後見契約しておこう

司法書士
石井博晶
2004年司法書士試験合格後、不動産コンサルタント会社勤務等を経て、2012年東京都世田谷区にBIS司法書士事務所を開設。これまで500件以上の相続手続きに関与、地域密着で活動中。

家族がいてもいなくても

老後の一人暮らしには不便だけでなく危険も潜んでいます。判断能力が衰えてくると、詐欺に遭ったり、不利な契約を結ばされたり、悪徳商法の被害に遭うことも考えられます。認知症などにより判断能力が失われたと判断されると、生活を支援してもらうための介護サービス契約や施設入所契約などを自分で結ぶのは困難になります。銀行口座が凍結されてしまうこともあります。

そうなってからでは、家族であっても本人に代わって契約を結んだり金銭の授受を代行したりすることはできません。まして、口約束で友人や親族にお任せすることもできません。事例18の美紀子さんも勉さんにそのように伝えなくてはなりません。

認知能力、判断能力が失われたと診断されてから、遺言書を作成することは非常に困難であり、また委任状を書いても、効力は認められません。認知症や知的障がい、精神障がいなどで判断能力が不十分な人の財産や生活の権利を守り、支援するための制度が「成年後見制度」です。これは、家族がいてもいなくても、本人の権利を守り、保護するために必要な制度です。

成年後見制度には「法定後見」と「任意後見」があります。

「法定後見」は、家庭裁判所によって選ばれた「成年後見人」「保佐人」「補助人」が、本人の「財産管理」と「身上監護」を行います。

●「成年後見人」は通常時、判断能力を欠く状況にある人を保護し、財産に関するすべての法律行為を代理することができます。

●「保佐人」は、判断能力が著しく不十分な人のために、不動産の売買など民法第13条第1項に定められている法律行為について、同意したり、取消したりできます。ま

【成年後見制度】
詳しくは→https://www.moj.go.jp/MINJI/minji95.html

た、同意権・取消権の対象行為については、家庭裁判所の審判により、保佐人に対して代理権が付与される場合もあります。

●「補助人」は、判断能力が不十分な人のために、民法第13条第1項に定められている法律行為のうち裁判所が認めたものについて、同意権や取消権を有します。また、本人の同意を得た特定の法律行為について、家庭裁判所の審判により、代理権が付与される場合もあります。

「財産管理」は、法律行為の代理権を行使して契約を締結したり、本人の所有する現金や預貯金、不動産などの財産の収入支出の管理等をすることで被後見人等の財産上の利益を保護することです。

「身上監護」とは、施設入所や医療、介護サービスの契約やサービス内容をチェックする等、身上面での法律行為を行い、本人にとってふさわしいサービスが受けられるようサポートすることです。

成年後見制度を利用するには

成年後見人になるために、法律的に特別な資格は必要ありません。一般的には、本人の親族（親族後見人）や、司法書士、弁護士などの法律の専門家（専門職後見人）、大学や行政が行う養成講座を受講した人（市民後見人）、ＮＰＯや福祉団体等の法人（法人後見人）などの中から、家庭裁判所が被後見人のためにどのような保護、支援が必要かを考慮して選任します。

成年後見手続きは、

①申立て（本人、配偶者、４親等内の親族、市区町村長、検察官等）
②家庭裁判所による審理（審問による聴取、鑑定が行われる場合がある）
③審判（後見・保佐・補助の類型、後見人の権限が決まる。監督人がつく場合がある）
④法定後見開始（審判確定後、後見人として登記されることで、第三者に正当性が証明される）

このように厳格に行われます。

任意後見契約で決定権を担保する

成年後見制度は、被後見人の権利を守ると同時に、自己決定権を尊重することが前提ですが、これを実現することは難しい部分もあります。「法定後見制度」では後見人を自分で選べないため、意に添わぬ思いをする人も出てくる可能性もあるかもしれません。自分で、財産管理や日常のさまざまな決定を行うことが難しくなったとき、家族や信頼できる友人だからといって、すべてを任せてしまうことには不安もあるかもしれません。

そんな場合に備えて、利用することができる制度として、「任意後見制度」があります。本人の判断能力が十分なうちに信頼できる人を「任意後見人」として選び、判断能力が衰えたときに備えて「財産管理」や「身上監護」を委任する契約をあらかじめ結んでおく制度です。「法定後見制度」との最大の違いは、「本人の意思・意見」が尊重されやすいところです。

誰に後見人になってもらうのか、どのような支援を受けたいのかということを事前の契約で決めておくことができます。また、「最終的にはこの介護施設に入居したい」、「残った財産はこうしたい」など、任意後見契約に盛り込むことができます。

将来の不安に備えて任意後見制度を利用したいと思ったとき、まず信頼できる後見人候補者を選んでください。本人と後見人候補者が公証役場で任意後見契約を結ぶことで契約が成立します。その後、実際に判断能力が低下した時点で家庭裁判所に「申

立て」を行い、「任意後見監督人」選任の審判がなされた時点で、任意後見契約の効力が生じて、任意後見が開始されます。

判断能力が失われてしまわないうちに、事前に自分で自分の後見人を決めておくことができる「任意後見制度」は、〈自分介護〉の強い味方ではないでしょうか。

相続人がいない

相続人のいないシングル遺産の行く末が悩ましい

——身内が誰もいなくなった百合子さんの場合

両親を送り、夫を看取って、百合子さん（70歳）は、とうとう一人ぼっちになってしまった。一人娘として父母の、子どものいない妻として夫の、葬儀・納骨・相続を経験して、ふと「私には遺産を渡す相手がいない」ことに気づいた。

従兄に「君は関係ない」と言われた

母は産後の肥立ちが悪く、床に臥せっていることが多かったため、百合子さんは父親の妹の家に預けられて育った。物心つく前から叔母の家で、6歳上の従兄を本当の兄、4歳上の従姉を本当の姉のように慕っていた。叔母もおおらかな人で、百合子さんは末っ子の甘えん坊として屈託なく育った。

「病気がちの母は陰気な人でね、小学校に上がる前に家に帰された私は、三日三晩、

『おうちに帰るぅ』と泣き明かしたそうです。そんな私を母も、持て余していたように思いますね。思春期過ぎまでぎくしゃくしていました」

大人になって事情がわかれば母の気持ちも理解できる。百合子さんは母に隠れて、叔母一家とは本当の家族のように接していた。

「お従兄(にい)ちゃんもお従姉(ねえ)ちゃんも優しくて、一人っ子の私は、叔母の家に行くと、実家に帰ったような気分になったものです」

父も母も逝き、叔父も叔母も亡くなった。従兄姉たちとはきょうだい付き合いが続いていたが、従姉が病に倒れ急逝してしまう。

「シングルだった従姉の最期を看取ったのは私でした。入院中の従姉に付き添っていたんです。家族を何人も送ってきたけど、同世代の従姉の死は堪えましたね。泣きながら遺品整理をして、従兄の家族と自宅マンションや預金の相続の話になったときのことです」

当然のようにその場にいた百合子さんに、従兄が「百合子には関係ない話だから、席を外してくれ」と言ったのだ。

一人ぼっちが身に沁みる

「遺産が欲しくてその場にいたつもりは毛頭ないけど、従兄の警戒するような物言いにショックを受けました」

きょうだいのように思っていたのは百合子さんだけ。従兄にとっては所詮、一時期、同じ家で暮らしただけの親戚の子でしかないのだ——。お互いの思いの違いに傷ついた百合子さんだったが、相続人ではないことは事実だった。

「程なく夫が末期のがんで倒れ、3カ月の闘病で逝ってしまいました。あれ以来、きょうだい同様に思っていた従兄ともなんとなく疎遠になっていましたから、本当に一人ぼっちになったと思いました」

両親の遺産も夫の遺産も一人で相続してきた百合子さんは、遺産を相続させる子どもも兄弟姉妹も甥も姪もいないことに愕然とした。これまで、自分でも必死に働いて無駄遣いもせず老後資金を貯めてきた百合子さんだったが、遺す相手がいないことが妙に寂しい。

「こうなったらとことん長生きして使い切って死んでやる！　と思いました。とはいえ、自宅や不動産の始末をするにも体力が必要だし、下手に長生きして資金不足になったらどうしようとも思ったりして……」

体が動く間は、友人たちと食事に行ったり、気軽に海外旅行を楽しんだりしよう。もし、遺産と呼べるものが遺ったら、全額ＵＮＩＣＥＦ（ユニセフ）に寄付しようと決めた百合子さん。少しだけ心が軽くなったという。

相続人のいない人の相続財産の整理は早めに遺贈には遺言書と遺言執行者の指定が必須

司法書士
石井博晶

相続人がいない場合の選択肢

「自分が死んだら、財産や家を寄付したい。困っている人、恵まれない人のために役立ててほしい」。そう考える人が増えています。相続する人がいないと、財産は最終的に国庫に帰属してしまいます。寄付したほうが自分の遺志に叶った使い方をしてもらえるかも……と思う人は多いでしょう。また、ほとんど付き合いのない親戚に渡るより寄付したい、と考える人もいるかもしれません。

自分の死後、財産を法定相続人以外の第三者に贈ることを、「遺贈」といいます。特にその第三者が公益性の高い事業等を行っている団体や個人である場合に「遺贈寄付」ということもあります。

当然のことながら、寄付したい団体に、「私の死後、いま住んでいるマンションを寄付したいので、よろしく」と連絡したら、それでよいというわけではありません。寄付したい旨を遺言書に書き残しておくことが必要になります。

遺贈の流れは、次のとおりです。

①生前に遺贈先（団体や自治体など）や遺贈内容を決める。
②生前に遺言執行者（死後に遺贈を執行してくれる人）、通知人（遺言執行者に死亡を知らせる人。家族や友人、死後事務委任契約者など）を決め、依頼する。
③生前に法的に有効な遺言書を作成し、遺贈先を指定する。
④死亡後、通知人が、遺言執行者に連絡する。
⑤遺言執行者が遺言書を開示し、遺贈先の団体が内容を確認する。
⑥遺言執行者が、遺言書に基づいた手続きを行い、遺贈先への寄付をする。
⑦遺贈先が受領書を発行する。

遺言書と遺言執行者

日本赤十字社をはじめ多くの団体では、家、土地、有価証券など現物での寄付を受け付けていないことが多く、遺言執行者が故人に代わって、財産を現金化する必要があります。

また、故人に「遺贈したい」という気持ちがあっても、正式な遺言書がないと、民法で定められた法定相続で分割されてしまい財産が残らないこともありますし、法定相続人がいない場合は国庫に帰属してしまいます。

相続人がいる場合は、生前によく話し合っておかなくてはなりません。また、万が一相続人の間で揉め事が懸念される場合には、遺留分（配偶者、子、親などの相続人に、法律上取得することが保障されている財産の一定の割合）にあたる財産が相続人に渡るような遺言書を作成しておくことも必要です。

遺言書がないと、ほぼ遺贈はできません。せっかく作成した遺言書が無効にならないよう、作成段階から専門家の助言を得て、有効な遺言書を準備していただきたいと思います。そのうえで、遺言の内容を実現する役割を担う遺言執行者を指定してくだ

さい。法定相続人がいない人はもちろんのこと、相続人がいる人でも、未成年や認知症の相続人など自分自身で相続手続きを行えない場合や、相続人が海外や遠方にいる場合には、遺言執行者の指定は必須です。

遺言執行者は誰でもなることができますが、弁護士・司法書士・行政書士など相続に詳しい専門家を遺言執行者に指定しておけば、不動産を売却して現金化する場合や、事業財産が含まれている場合など、専門知識の必要なケースに対応することもできます。

早めの生前整理で準備しておく

遺贈を考えている、事例19の百合子さんのようなケースでは、財産整理と遺言書の準備など、早めに生前整理しておくことをお勧めします。「不動産」「預貯金」「証券」「生命保険」「宝石・金・絵画などの資産」の財産目録を作成し、自宅や不動産の処分方法、趣味のコレクションの寄贈先など、元気なうちに整理しておきましょう。とはいえ、まだまだ長い老後生活、何が起きるかわかりません。生きているうちに財産は変動します。相続人がいない場合は、自身が生きているうちに自分の意思で寄付する

ことを考えてもいいでしょう。

非営利団体や自治体など多くの団体や組織でも、遺贈寄付を受け付けており、遺贈に対応する専任スタッフを置いているところもあるようです。団体によって対応が異なりますので、遺贈を考えている方は問い合わせてみてもよいかもしれません。

ご自分が所属・関係している団体以外にも、視野を広げると、医療支援、教育支援、文化継承支援など、国内外にもさまざまな遺贈受け入れ先があるように思います。

事例 20

遺産の行方

手立てはあったのに時間切れ 意に反し、遺産は不仲な兄に

——遺言書が間に合わなかった信二さんの場合

70歳を迎えるまで重い病気にかかったことはなく、仕事でも生活でも深刻な問題を抱えることなく、ずっと独身でのん気に生きてきた信二さん。どうも最近、体調が思わしくないと感じるようになったが、病気というのは医者に診てもらえば治るものだと、考えていた。それが大きな間違いだとわかるまでに1年以上かかったという。

がんが発覚したときにはステージ4

めまいがしても血圧降下剤のせいだろうと考えていたが、尿に潜血まで見られるようになった。自らインターネットで適切な専門医を探して診てもらうなどした結果、貧血であることがわかり、さらに紹介された病院で膵臓がんが見つかる。ステ

ージ4でリンパ節にも転移、手術はできないと判断された。平均余命1年3カ月と知らされる。

健康なときには長生きしたいと思わなかったが、治らない病気であり、標準治療ではなおさら困難などと言われると、信二さんはがぜん命が惜しくなった。予期せぬ命のカウントダウンが始まったら、できるだけ多く数えたい、少しでも寿命を延ばす手段はないかと考えるのが人情、本能だ。

なんとか道を切り開こうと、がんの本を読み、関連のテレビ番組やＹｏｕＴｕｂｅを見るなど、情報集めに努めた。

抗がん剤治療を受けながら、民間療法やスピリチュアルな療法にも興味をもち、関連本を読んだり、グッズを購入したり。

不安と焦りを感じ、終活支援の会に入会

体調が比較的良いときは、趣味の散歩でかなりの距離を歩くこともあり、気がつけば平均余命はとうに超えていた。とはいえ、日に日に体力は衰え、あちこちに不調が表れてくる。視力や聴力も落ちてきた。

信二さんは母親と一緒に暮らしていたが、がん発覚からしばらくして母は亡くなった。一人暮らしになると同時に体調も悪化し、不自由を感じることが増えてきた。日常的なことはヘルパーに支えてもらっているが、この先長くはないことへの不安、終活をしておくべきではないかという焦りを友人たちに訴えるようになった。

その様子を聞いた昔の仕事仲間の弓子さんは、自身が会員になっている終活支援のボランティア団体が何かしら役に立つのではないかと思い紹介した。パンフレットを見た信二さんは、がん患者同士の交流会などにも興味を示し、さっそく入会。日に日に衰弱していく中、交流会に参加する体力はなくなってしまったが、弓子さんからは相続をはじめさまざまなジャンルで相談できる仕組みを紹介された。

信二さんには持ち家とある程度のまとまった預貯金があり、自分の死後、その遺産を唯一の家族である兄ではなく、世話になった人たちに譲りたいという思いがあった。兄とは昔から折り合いが悪く、遠方で暮らしていることもあり長いこと連絡も取っていない。

「兄貴にだけは絶対に財産を渡したくない！　他の人にはどうでもいいことかもしれないけれど、これは僕にとっては大事なことで、母の遺志でもある」と、信二さんは興奮気味に話していた。

法定相続人以外に譲るためには、正式な手続きが必要である。早く遺言書を作成しなくてはと友人たちはアドバイスした。弓子さんもそれを知って、せっかく会員になったのだから、一度団体の担当者に面会して相談してみてはどうかと勧めたが、信二さんから返事はなかった。

気になるので、しばらくして再度、面会しなくていいのかと尋ねると、ほかの終活団体の資料もいくつか取り寄せて検討しているとのこと。何事ものんびりペースの信二さんとはいえ、できるだけ急いだほうがいいと弓子さんは思ったが、親戚でもないし、特別親しいわけでもないし、本人に任せるしかない。

おまけに、この頃、信二さんは電話で話がしにくいほど耳が遠くなっていて、相手の言うことは聞かず一方的にしゃべるか、ショートメールの短い文章でやりとりするしかなくなっていた。

急に電話をしてきて、自分にはいくらの財産があり、「誰々に〇千万円、〇〇の会に〇百万円寄付、ここの看護師さんにお礼として10万円、〇〇ちゃんには1万円あげたい」などということを一生懸命に話す。「だから、紹介した団体の司法書士さんなり、他の団体の弁護士さんなりと契約して正式に依頼を」と促しても通じてはいない。

信二さんの一番身近で世話をしている同世代の友人からも弓子さんに連絡があり、「困ったね」と二人はため息をついた。信二さんはきっとお金の使い道を考えること自体が楽しみになっているのではないか、という話も出た。

遺言書作成の話は進展しないまま1カ月ほどして、信二さんは緩和ケアの病院に転院した。

時すでに遅し

ある日、入院先のMSW（医療ソーシャルワーカー）から弓子さんに電話があり、「状態が悪い。会員になっている団体にもろもろお願いしたいとおっしゃっているので連絡をとってもらえないか」とのこと。

弓子さんは慌てて団体の担当者に連絡し、直接MSWと電話で話してもらった。病状を考えると、今から遺言書を作成するには時間が足りず難しいということで相続がらみの契約はできずじまいだった。

その後すぐ、友人の手配で別の終活団体と死後事務委任の契約自体は交わしたが、間もなく信二さんは息を引き取り、遺言書作成には間に合わなかった。その団体の契約金は100万円単位の高額だった。

遺骨の預かり、遺品整理などは契約にのっとり行われたが、相続については法定相続人の兄一人が対象となり、信二さん本人の希望は叶わなかった。

もっと早く気持ちを固めて決断してくれていたら、あるいは強引にでも公証人を呼んで遺言書を作成させればよかったのだろうかと思うと、友人も弓子さんも悔しくて残念な気持ちになるのだった。

「遺言書」+「任意後見契約」+「死後事務委任契約」の3本の矢で安心を準備

司法書士
石井博晶

いつかは誰かに託す時期がくる

人生の最期まで自らの意思を貫き通すことができればこれに勝るものはありません。自分が死んだ後でも意思を遺し、伝えることができるのが「遺言書」。万一、判断能力が衰えたときのために前もって準備をしておくのが「任意後見契約」。ただ、これだけでは自らの死後に遺された「身体」や「家財」「住居の明渡し」等の処理はできません。たとえ、死の直前まで意識がはっきりしていたとしても、死後のことは自分自身

で実行することはできないのです。そこで決めておかなくてはならないのが、死後の事務を誰に託すか（死後事務委任）ということです。

人が亡くなると、その後にさまざまな手続きや事務処理が発生します。親や配偶者を見送った方が、よく「死を悼む時間もない」と言いますが、まさにそのとおりです。葬儀の手配に始まり、健康保険や年金等の手続き、預貯金や不動産などの名義変更といった相続関連の手続きなどが、亡くなった直後から続きます（次ページの図版参照）。

サブスクなどの料金は、本人が亡くなった後も、金融機関へ死亡の届出をして故人の銀行口座が凍結されるまで、自動引き落としの停止手続きをしない限り料金が引き落とされ続けるため、さまざまな解約手続きに追われることもあります。相続人が、本人の銀行口座を知らなかったり、パソコンのパスワードがわからずパソコンが開けないためにインターネット上の契約内容を調べるだけでも一苦労だったという話も昨今ではよく耳にします。

「自分が死んだ後のことは家族がなんとかするだろう」という人もいますが、遺族にできるだけ苦労はかけたくないし、遺言書に葬儀の方法などを書いておいても法的拘

■死亡後に必要な届出・手続きなどの一例

届出・手続き・納税	葬儀・法要
死亡診断書取得	近親者への連絡
死亡届・埋葬許可証申請	葬儀社依頼
世帯主変更	通夜・葬儀
健康保険資格喪失届	初七日
介護保険資格喪失届	
年金受給停止	
公共料金利用停止・精算	
生命保険金の請求	
クレジットカード・会費等の解約	
病院・介護施設等の精算	四十九日
ペットの世話・引き渡し等	埋葬
賃貸住居の明渡・家賃精算等	
所得税の準確定申告	
遺品整理・デジタル遺品の抹消等	
相続税申告(10カ月以内)	
	一周忌

束力はありません。また、成年後見制度を利用していたとしても、本人が亡くなった時点で成年後見は終了してしまいます。

これまで、原則として家族が担ってきた死亡後の遺体の引き取りや葬儀の手配、死後の手続きですが、いまでは、夫や妻、子どもがいない人だけでなく、兄弟姉妹がいたとしても高齢や疎遠であるなどの事情がある人も多く、自分の死後の手続きを託せる親族がいないという問題に直面しています。誰もが、自らの死後を託すために生前から「任意後見契約」や「任意代理契約」「死後事務委任契約」を結び、死後の手続きを依頼しておく必要があるわけです。契約は、判断能力を喪失する前に、自分自身で意思決定ができる時期に結んでおくことが鉄則です。

死後事務委任契約の中身は

死後事務委任契約の内容は、大きく分けて次の三つです（次ページの表参照）。

1. 葬儀関連（葬儀、埋葬、供養、関係者への連絡等）
2. 行政手続き関連（死亡届提出、年金の受給資格の抹消、税金の支払い、健康保険証・運転免許証等の返還等）

【任意代理契約】本人の判断能力がなくなったときに初めて利用が可能となる任意後見契約とは異なり、本人に判断能力があるときからでも自分に代わって代理人に財産管理を任せることができる。

■死後事務委任の内容例

葬儀関連	葬儀方法の指定
	埋葬方法の指定
	供養方法の指定
	関係者への連絡
行政手続き関連	死亡届の提出
	年金受給資格の抹消
	税金の支払い
	健康保険証、運転免許証等の返還
生活関連	生前利用した病院・介護施設料金の清算
	居住する賃貸不動産の契約解除、明渡し手続き
	公共料金の支払い、解約手続き
	SNS等のアカウント削除
	パソコン、スマホなど個人情報の削除
	遺品整理
	残されたペットの預かり先を探すなど環境整備

3．生活関連（病院や介護施設の支払い・清算、住居の賃貸契約解除や明渡し、公共料金の支払いや解約、ＳＮＳ等のアカウント削除、パソコンやスマホの個人情報削除、遺品整理、ペットの環境整備等）

まず自分の死後に行ってほしい具体的な手続き内容を決め、依頼する相手を探します。相手に具体的な内容を依頼したら、死後事務委任契約書を作成します。公証役場にて、公正証書で作成をしておくとよいでしょう。

死後事務委任契約の内容は幅広いのですが、相続や遺贈に関することや遺言執行者の指定、また生前の財産管理や見守りなどを契約内容に盛り込むことは適切ではありません。別途、遺言書作成、遺言執行者の選定、任意後見契約、任意代理契約などが必要な所以です。

信頼できる相手に依頼

死後事務委任契約は、司法書士や弁護士などの専門家の他、金融機関や民間企業などに依頼することもできます。資格が必要なわけではないので、友人、知人、親戚でもかまいません。ただし、遺品整理やさまざまな支払いなど金銭に関連することも多く、相続や遺産の処分と抵触することもあるため、司法書士や弁護士などの専門家への相談をお勧めします。

「葬儀社に生前予約しているから安心」「相続は懇意にしている税理士さんがいるから大丈夫」「最後は介護付き老人ホームに入るからお任せ」と、本人が個別に契約していても、それらを連携する役目を委託される人が必要です。介護関係者が本人の死亡後の諸手続きに立ち入ることは難しく、入院契約、入居契約、また介護サービス利用契約も本人の死亡とともに終了してしまいます。生前の意思と死後の対処をつなぐのが「死後事務委任契約」と考えられるのではないでしょうか。

昨今、身元保証から死後事務委任までをビジネスにする企業が増えています。お金さえ払えばすべてお任せで楽そうですが、自分の死後に確実に契約どおりに実行されるのかを確認する術はありません。死後どころか契約中に運営会社が経営破綻したり、突然事業から撤退したり、預託金を使い込まれたり、残金が返還されないなど、トラブルになる事例も見受けられます。委任する相手は、慎重に選びたいものです。

お布施と戒名

父が眠る墓に母も一緒に入れてあげたいだけなのに

——散骨を断念した里美さんの場合

父亡き後、母一人、娘一人のシンプルライフを堪能していた私（52歳）。78歳の母もすこぶる元気。読書と花づくりの毎日を静かに謳歌しているように見えた。互いに干渉しないライフスタイルで、私自身は仕事と趣味と推し活の日々。気軽なシングル生活を気に入っていた。そう、母が急死するまでは……。

介護不安はあったけど先延ばし

母も後期高齢者だから、いつかは介護が必要になるのだろうなと漠然と考えてはいた。でも、まだまだ元気で、普段の会話は面白かった小説のことや美味しかったお店の情報交換。気の置けない女友達と暮らしているような日々だった。

父が亡くなったのは30年前。そのときから母は、娘には自分の思いどおりの生活を、母自身も親戚付き合いやしがらみに縛られない自由な生活を望んでいた。月に12万円ほどの年金暮らしだったが、贅沢がしたいわけでもなく、娘との生活を楽しんでいてくれていると思っていた。

それでも自分の行く末は気になったこともあったのだろう。「私が死んでもお葬式なんてしなくていいのよ。呼ぶ人もいないし、そんなことにお金をかけないでね」と言ったことがある。なのに私自身は対して気にも留めず「わかった、わかった。そんなこと言わずに元気で長生きしてちょうだい」と軽くいなしてしまった。

母の急死で降りかかった葬儀、墓

金曜日の朝、仕事に出かけようとしていた私の耳に、母の部屋からバタンという大きな音が聞こえた。転倒して骨でも折ったら大変と慌てて部屋に駆け込むと、母が意識不明で倒れていた。

あっけないもんだなあと思った。救急車に乗せられた頃には心肺停止でそのまま逝ってしまった。心の準備も見送る準備もしていなかったふがいない娘である。それからは無我夢中。職場の先輩に教えてもらった共済の葬儀社に連絡して、火葬場の予約がとれるまで遺体を預かってもらって。参列者もいない葬儀だから、通夜もいらない直葬の手配をした。ところが、火葬場の空きがなくて、葬儀は1週間後になってしまった。

心細くなった私は、かろうじて親戚付き合いのあった父方の従姉妹に連絡をした。二人の従姉妹が3時間かけて自宅まで飛んできてくれたときは、心強くて本当にほっとした。初めて、親族っていいなと思ったくらいだ。

ただ、「菩提寺の住職に連絡したほうがいいんじゃないの」とか、「叔父さんのお墓はお寺にあるんだからちゃんと納骨してあげなくちゃね」と言われて初めて、自分自身、何も考えていなかったことに気がついた。

思いがけず納骨問題が勃発

住職に電話をしたところ、「遠くても葬儀には駆け付けます。ただ、予定が詰まっているので日取りは合わせてください」と言われ、お坊さんをお呼びするなんていくらかかる？　と、まずは金銭面の心配をしてしまった私は親不孝者……。おずおず、「来ていただく場合、どのくらいのお布施を用意すればいいんでしょう？」と聞いてしまった。住職はまだ30代で、若い人らしく合理的な性格なのだろう、はっきり答えてくれた。「葬儀は50万円＋車代。戒名料として別途50万円でいいですよ」。母の口座の残高はしれてるし、私もお金持ちじゃないから、言われるままの金額は出せない。第一、「葬儀にお金をかけないで」は母の唯一の遺言。思わず、「すみません。無理です」と断ってしまった。

葬儀は断ってしまったものの、父の墓に納骨できるかどうか心配になった私は、「納骨はしたいのですが」と聞いてみたところ、「そんな前例はないですね」とにべもない返事。

母の性格なら、散骨とか樹木葬のほうが気に入りそうだけど、30年以上離れ離れだった父の許へ送ってあげたい気もするし……。お骨になって家に帰ってきた母に、「ねえお母さん、お母さんはどうしたいの？」と問いかけても、答えはない。どうして、生きているうちに話をしておかなかったんだろうと後悔しても後の祭りだ。

戒名料20万円で手打ちして無事納骨

父が若死にだったこともあり、墓はたいそう立派なしつらえだった。従姉から初めて聞いたのだが、もともとは別宗派の戒名をいただいていた父の墓を、先代の住職が特別に建てさせてくれたのだそうで、前例がないどころか父の墓自体が特例だったという事実がわかった。従姉の一家は今も檀家として寺とは親身に付き合っているというから、彼女の顔をつぶすようなことをしてはいけないと思い直し、もう一度住職に納骨をお願いしてみることにした。

「読経していただけるというお申し出をお断りして申し訳ありませんでした。やはり、父の許へ母を送ってやりたいので、納骨をお認めいただけませんか。戒名もつけてやってください。ただ、50万円は無理なので、20万円でお願いします」

私としては、最大限の譲歩、大人の振る舞いだった。しぶしぶ納骨を認めてもらって、後日、母にふさわしい美しい文字の戒名が送られてきた。ただし、とっても短いものだったが。人生初のお寺さんとの交渉体験は、供養というよりビジネスの駆け引きに似ていた。

アドバイス

お布施は〈施しの行為〉与える側、受ける側をつなぐ清らかで温かい思いの発露でありたい

見樹院／寿光院住職
大河内秀人
仏教の実践として国内・海外のNGO・市民活動に参加。現在、江戸川子どもおんぶず代表、パレスチナ子どものキャンペーン代表理事等を務め、寺院をベースにリタ市民アセット財団を設立。

施しの行為としてのお布施

「お布施」の金額については皆さん悩まれ、マスコミでも取り上げられることがよくあります。事例21の里美さんのように、人生で初めてお寺さんと交渉するような立場に置かれれば、「お布施はお気持ちで」と言われようが、「〇〇円いただきます」と言われようが、めんくらってしまいますね。

お布施とは本来、サービスの対価ではなく、お金に限らず、仏教では大切な生活実

践としての「見返りを求めない施し」の行為をいいます。信者さんだけでなく寺も、古来より悲田院など衆生救済の機能や寺子屋、宿の提供など、布施の実践行として取り組んできました。

あらゆる存在や出来事は、他の、周囲の、過去と未来のあらゆる物事と相互に繋がっており、この原因と結果の果てしない結びつきが「縁起」という、仏教の根本的な考え方です。だからこそ布施が大事であり、その施す人、受ける人、そこに介在する財や行為が清らかでなくてはならないと説かれています。

お互い事情や方針があるかもしれませんが、僧侶と葬儀の依頼者との間に、「縁起」の考え方がベースにあれば、商取引のような値段交渉をしなくても済んだのかなとも思います。それでも、里美さんが出せる金額を伝え、僧侶側も了承した結果、無事納骨できたのはよかったと思います。

また「戒名」もよく議論になります。そこでも要否とお値段が問題になります。「来世の暮らしのためには良いほうがいい」「先祖と一緒になるにはこれくらいが必要で、だからいくら」と言われるかもしれません。本来は、伝統芸能での襲名のように、人生のステージが変わる信仰の証として寺から授かるものです。ですから戒名は、死ん

だ後ではなく、自分は仏の教えに生きるという意識をもったとき、生前に授かることもできます。

私は、死後にしても生前にしても、家族や本人の人となりや希望を聞き、これからの関係や生き方への願いを込めたお名前をお授けします。気に入っていただけたり、救いになっていたりすれば幸いです。もちろん戒名がなくても構いません。ただ事例のように、納骨の条件として戒名をつけたり変えたりしなくてはならないという寺があることも事実です。

お布施をロマンに

どうも厄介者扱いされてしまいがちな「布施」ですが、仏教では正しく生き、本当の幸せをつかむための、第一の行いが布施です。自分に無関係なものは一つもないという「縁起」の世界に生きる私たちは、すべての者に慈悲の心を向け、自分のできる施しをせよという教えです。そのような生き方をしている人は幸せだとは思いませんか。もちろん自分や家族を犠牲にしてはいけません。

私の寺では30年来、さまざまな市民団体に場所を提供してきました。事務所や会議

室、作業場、居場所、シェルターとして提供しています。歴史的に浄財としていただいたアセットを寺の布施として活用しています。それぞれ当事者として、支援者として、ボランタリーに活動する人々と、私自身も社会課題を学びながら、安心と生きがいのある社会を築いていく希望を感じています。そしてその「布施」のネットワークでつながる人々の協力を得て新たな財団を設立しました。

人々と世界と未来につながるロマンの仕組みを目指しています。

Column

成年後見制度の陥穽

被後見人家族の不満

障がいや認知症で判断能力が不十分な人を保護し、サポートするためにあるのが「成年後見制度」。家庭裁判所により選任された後見人が、本人に代わって「財産管理」をし、施設入所契約など本人の生活環境を整えるための「身上監護」を行うという制度だ。

制度の運用に関しては被後見人や家族などから、後見人となった弁護士や司法書士などの専門家について「財産の保護に特化して、収入を自由に使わせない」とか「生活費を低く設定しすぎて好きなものに消費できない」とか「障がいや認知症の特性を理解せず一律に管理しようとしすぎる」など、不満の声が聞かれる。特に、障がい者の親の不満は大きい。老いたとはいえ、成人した後も慈しみ育ててきた息子や娘を、後見人が管理することに耐えられない親もいる。自閉症特有のこだわりで消費行動する人に「無駄だ」「贅沢だ」という理由で金銭を渡さないなど、障がいへの理解がないことに憤り、親が老後資金を崩して援助している例もあるという。

後見制度の見直しへ

成年後見制度に関する個別相談や人材育成を行う、一般社団法人「後見の杜」代表の宮内康二氏は、「月額2～3万円という後見報酬も値上がり傾向にあり、2016年に『成年後見制度利用促進法』が施行されてから、自治体からの申立てが40%と急増し、親族からの申立てが20%、本人からの申立てが40%という不思議な状況」だという。「判断能力はないけど、後見の申立てができる人ってどんな人なんでしょうね」といぶかる。

「成年後見制度は高齢化が進む日本社会で必要な制度ですが、被後見人にとっても家族にとっても納得のいく運用にしてもらいたいものです」と苦言を呈する。国も「制度の見直しを検討する」としているが、結論はまだ先のことになりそうだ。

事例22

墓じまい

勢いでやり遂げた「墓じまい」から「散骨」へ

——檀家をやめるために墓じまいした奈美さんの場合

奈美さん（66歳）は、3人きょうだいの長女。弟と妹は他県で結婚生活を送っているが、奈美さんだけは、東京で一人、実家暮らしをしている。

「両親の介護と看取りも一人でやりました。弟も妹も自分たちの生活で精一杯ですから、実家のことは私にお任せ。正真正銘の跡取り娘、墓守長女です。お墓は下町のお寺にあって、先々代から100年近く檀家勤めをしてきました」

墓守長女の決断

奈美さんも檀家として盆暮れの付き合いをしてきたが、だんだん億劫になってきた。何より、自分の代で寺との付き合いをやめることになるのは自明だった。

「弟や妹、ましてその子どもたちが跡継ぎになってお寺さんと付き合っていくことは考えられませんでした。なんとか私が動けるうちにと、住職に相談に行ったんです」

檀家をやめたいと伝えた奈美さんに、住職は「仕方ないですね」と言ってはくれたものの、実家にあった祖父母、両親の位牌を引き取り、寺で供養する代わりに離檀料として200万円を支払うよう告げた。そのうえで、境内にある墓石の撤去を求められたのだ。

「結局は跡取りとしての責任放棄ということなのでしょう。200万円はその罰金なのか、100年分の謝礼なのか、離檀料という言い方に異議を唱えたかったけど、ここはおとなしく引き下がりました。揉めてもしょうがないしね」

カロウトには知らない人の遺骨

お墓の撤去を迫られた奈美さんは、「アパートの立ち退きと同じだなあ」と思った。しかし、生きている人なら、居住権があるから立ち退き料をもらって引っ越すこともできるが、遺骨の立ち退きにはお金がかかる。

「新しい墓地を探して改葬するのも違うと思いました。いっそ、散骨してお墓をもたないという結論しかないと思って。散骨業者を探して、石屋さんに連絡して、墓石と遺骨の撤去をお願いして……。大変でしたが目途が立って、いよいよ撤去となりました」

墓石の下には遺骨を納めるカロウトと呼ばれるスペースがある。石を取り除きカロウトを見ると、そこは水浸し。しかもそこには壺が六つ納まっている。

「祖父母と両親の4人だと思っていましたから、びっくりしました。だ、誰?って。過去帳の名前を見ても私の知らない人でした。祖父の兄弟か、祖母の親族か、若くして亡くなった人らしく、祖父母の代に納骨されていたようです。それより、水浸しになっていたことのほうがショックでした。こんなところに閉じ込めていてごめんねというか……」

墓石の撤去費用に30万円、散骨するための費用が20万円。離檀料も含めて、墓じまいには結構な費用がかかった。

「6人分のお骨をパウダーにして、船を1隻チャーターし、東京湾の外海に出て散骨しました。このときは弟も妹も参列してくれて、きょうだいみんなで祖先を弔った実感があって、感激しました。私のときも散骨にしてもらうことをお願いして快諾してもらったので、安心して死ねます」

大仕事だったけど、やってよかったと振り返る奈美さん。

「達成感というか、肩の荷が下りたというか、爽快な気分でした。一方で、海への散骨って、あまりにも広すぎてつかみどころがない感じはしました。ここに母がいるとか、父の眠る場所という実感はなくなりますね」

死者との対話の場所、死者を思う具体的なモニュメントとしての墓のもつ意味に、あらためて思いを馳せる奈美さんだ。

家族観の変容で消滅する「先祖代々の墓」後継者不要の「永代供養」型へ

宗教研究家
大角 修
1949年兵庫県姫路市生まれ。東北大学文学部宗教学科卒。(有)地人館代表。著書に『基本史料で読む日本仏教全史』『日本仏教の基本経典』『全文現代語訳　浄土三部経』など多数。

死者の尊厳は墓に宿るか

東日本大震災があったあの年、一人の僧侶が海に向かって一心に読経している姿があった。海には、津波にさらわれて帰ることのない多くの人がいた。海は巨大な墓場だった。生き残った人々の抱えきれない喪失感が充満する海辺に、僧侶の読経の声が聞こえる。そこに、遺された人々のやりどころのない心が救われていく。これが宗教という文化の力だ。

いま、近親者を亡くしたときに、霊園や寺の境内に墓石を建てる従来型の墓が減り、屋内納骨堂や樹木葬、海洋散骨などが増えている。事例22の奈美さんのように菩提寺との縁も切って先祖代々の墓を撤去する「墓じまい」も増えることだろう。

墓の歴史からいえば、家ごとの墓は江戸時代以降のもので、現在の「○○家の墓」は火葬が普通になった昭和の戦後に広がった。

お隣の韓国に比べて日本は血族意識が低く、祖父母から先は名前もよくわからない。霊園などに新しく建墓したときも祖父母・両親くらいが被葬者の範囲だろう。ところが、故郷の先祖代々の墓には名前もわからない人が眠っている。奈美さんのように、「墓じまい」しようとしたら誰とも知れない遺骨があって困ったということにもなる。

そうした古い先祖代々の墓から新しい納骨堂や樹木霊園まで、さまざまな形の墓は現在、どれほどの意味をもつのだろう?

もともと日本では、死者の魂は野山に還ると考えられてきた。そのため、遺体を野辺に置いて自然に風化させる風葬や、川や海に流す水葬も行われた。墓は悪霊のすみかになるといって建てなかったこともある。

死者の尊厳が墓に宿るわけではない。だから、せっかく建墓してもたちまち草ぼうぼう、といったことにもなる。

一方、死者の霊が非常に恐れられてきたのが日本の歴史と文化である。そこに、ゼロ葬でいい、散骨しておしまい、というわけにもいかない事情がある。

どうすれば魂が安らぐのか

日本では亡くなって間もない人の霊は荒々しく、恐ろしいものだと考えられた。その霊が和み、安らいだ状態になることを「成仏」という。そして故人が冥界で迷わずに成仏することを願って葬儀や四十九日の法要をはじめ、彼岸の墓参り、家の仏壇での朝夕の読経など、追善供養の仏事が多様に発達した。

それが維持しにくくなった現在でも、家に仏壇もない暮らしなら、別に気にならない。しかし、重い病気や事故にあったときなどに、「あなた、先祖供養をしていないから霊が祟ってるのよ」とカルトに不安を煽られて多額の金品を脅し取られる事件がしきりに起こる。「先祖なんて知らないよ」と思っても、「あなた、先祖供養をしていないから……」という脅しはけっこう効いてしまうのだ。

また、親族・知人の葬儀のときに、よく「天国で安らかに」とか「空から見守って

【ゼロ葬】
宗教学者の島田裕巳氏が提唱。収骨を行わないので墓は不要。

いて」などと言う。極楽浄土はほぼ消えて「なんとなく天国」であるところに、生死の軽さが否めない。

自分自身は跡形もなく消え去りたいから散骨がいいという人もいる。これは日本人の心の深層にある感性なので、賛同する人も多いだろう。しかし、修行を積んだ僧ならともかく、まったくの無に帰る覚悟など、できることではない。自分のことを忘れないでほしい、子どもたちは仲良く暮らせるだろうか、等々、妄想の煩悩は尽きない。死別の折に「いい人生だった」「楽しかったね」と過ぎ去った時を語られても、これから誰も知らない世界に独りで旅立つ人には空しい。

問題は多岐にわたる。まず、先祖代々の墓の「墓じまい」をするとき、菩提寺との縁を上手に切ることが大切だ。寺に行ったとき、まず本堂の前に立って本尊の仏像に向かって合掌礼拝すること。こうした作法を守れば、過去帳や位牌の処分、「離檀料」などで住職と揉めることが少ないだろう。

さて問題は、自分自身の死後の魂の平安である。墓はあてにならないし、子どもの迷惑にもなる。そこで後継者不要の「永代供養」型の霊廟に遺骨を納めてもらう選択もあるが、さいわい日本には魂が戻るという霊場が各地にある。たとえば、海への散

骨は茫洋としてつかみどころがないと不安な人なら、和歌山県那智勝浦町の補陀洛山寺がお勧めスポットだ。その浜辺は「この世」と「あの世」の接点で、近年まで水葬の風習があり、故人の霊は観音菩薩の浄土に往くといわれてきた。

伝統文化の力は強い。自分は信心なんかしていない、死後の世界があるとも思わないという人でも、観光がてらにお参りして「冥土のお守り」をもらっておくと、旅立ちの日のよすがになるだろう。

遺言書が無いばかりに

子どもがおらず夫婦二人の生活を続けてきた弥生さん（70歳）の夫が亡くなった。夫には仲の良い弟がいたが、夫より先に病死。弟は生前、「兄貴の財産は、夫婦で頑張って築いてきたものだから、もしも兄貴が亡くなっても、俺は相続放棄するよ」と言っていたが、甥が「伯父さんの財産は、僕にも相続の権利があるはず」と代襲相続を強く主張。

兄弟仲の良さに安心して、夫が遺言書を残さなかったため揉め事となった。弥生さん夫婦の自宅が高級住宅街にあったのを弟嫁が妬み、けしかけたらしい。「兄弟仲が良い」は安心材料にはならない。

自分一人の墓探し

夏美さん（55歳）は、夫の実家に帰省したとき、義母に一族の菩提寺に連れて行かれた。古い寺かと思いきや、山の中腹に何やら真新しい建物。個室完備、最新式の納骨堂だった。「ここにお墓を買ったの。私たちが死んだらお参りに来てね。それから、ここが○○おじさんの墓、こっちは△△おばさんの家の墓。一緒にお参りしてあげて。あなたたちも1区画買ったらどう？　ご住職にお願いしてみる？」。

「それはいいね」とうなずく夫。「実家の墓に先祖と一緒に入るのはイヤだと言ってたけど、これなら別々だし、どうだ」とささやく始末。夏美さんはクラクラしてきた。「絶対イヤ。こんなところに親戚ぐるみで埋葬されたら、永遠に嫁を続けなければならないじゃない。成仏できない！」と叫びそうになった。いまは、夫とは別に一人で入れる共同墓をこっそり探している最中だ。

誰の遺骨かわからない

母が亡くなり、遠方にある父の実家の代々の墓から父の遺骨を取り出し、両親だけの墓に改葬しようと思いました。私たち夫婦もいずれは入れるよう、うちの子どもたちもお参りしやすいよう、自宅に近い霊園を確保しました。

菩提寺の住職立ち会いの下、石屋さんに墓石を外してもらうと、中には大きなかめが一つ。遺骨は先祖代々みんな一緒に入っていました。どれが父の遺骨かわからない！　墓前で失神しそうでしたが、住職が「お父さんは一番最近の納骨だから新しそうなのを収骨したら」と言うので、恐る恐る数本拾ってきました。無事母と一緒の新しい墓に改葬はしましたが、まるで喜劇。隣の骨が誰だかわからず母が嫌がっているかもと、少し心配です。　（一子・65歳）

40代シングルマザーの生前整理

由枝さんの子どもには障がいがあり、県外からやってきて山梨の施設に入所していた。自分は施設の近くのアパートに住んでいたが、余命宣告を受けたので、県外の妹に迷惑をかけないためにと遺品整理会社に生前予約をして2年後に亡くなった。

生前に「写真は妹に見せずに捨てる」「仏壇は廃棄してほしい」など、持ち物の去就の細かい打ち合わせをしていたので、遺品整理はスムーズだった。生命保険や携帯などの契約も一覧表になって整理されており、室内も片付いていた。妹が預かっていたという遺品整理の代金が入った封筒を受け取った社長は、見事なまでの〝整理〟に感服したという。

遺品整理業者に
頼めない！

栞さん（61歳）の母親は生前、娘たちに「預金通帳は金庫の中」「家の権利証は寝室の棚の2段目」と財産のありかを知らせていたが、金庫の中に印鑑が無かった。家中を探し回り、ようやく食器棚の奥深くの茶筒の中に発見！　捜索の途中、裁縫箱からヘソクリらしき通帳も出てきた。さてこうなると、金目のものがどこから出てくるかわからず遺品整理を業者に任せられない。妹と週末に実家に通い、引き出しの奥や、押し入れの箱、束ねられた封筒など、一つ一つ開けていき、遺品整理が終わったのは1年後。この先、自分の財産はどう保管し、子どもたちにどう伝えておけばいいか悩む日々だ。

遺品整理依頼後に自死

沖縄県で特殊清掃と遺品整理サービスを展開する会社の社長が忘れられないのは、2年前に遺品整理を生前予約して亡くなった70代の君代さんのことだ。関東地方でバリバリ仕事をし、引退後にそこそこの資産を持って沖縄に移住、末期がんで余命1年足らずと宣告されたからと契約を結んだ。

その1週間後、君代さんは自室で首を吊って亡くなった。自殺直前に通信会社の見守りサービスと契約していたので、死後3時間以内に発見されたうえ、現場にビニールシートを敷いていたので、特殊清掃の出番はまったくなかった。玄関には「私は中で死んでいます。警察を呼んでください」とメモが置いてあったという。悲しすぎる後始末だった。

意向もわからない 看取りなんて

雅美さん（75歳）の夫は九州男児。九州男児の誰もが亭主関白でもないだろうが、家のことは何もしない。そのため、雅美さんは実父母、義父母の4人を一人で看取った。そしてつい先日、夫の姉も雅美さんが看取った。夫は葬儀で喪主挨拶をするだけ。すべて雅美さんに押し付けて平然としている。

雅美さんは親たちの意向を汲んで看取りたいと思いエンディングノートも渡したのだが、誰一人として書き込まなかったのが悔しい。後期高齢者になったのを機に夫にも渡したが、「面倒だ」「適当に書いておいてくれ」と見向きもしない。雅美さんは自分だけはと丁寧に書き込んでいる。書きながら「夫まで看取るとしたら6人。その介護で人生の半分が費やされる勘定だ。夫まで看取りたくない」という思いが日々ふつふつと湧いてくる。

夫婦二人の墓

八重さん（85歳）の夫は10年前に他界、子どもはいない。最近、夫の従弟が亡くなり、親戚から、夫の墓に一緒に埋葬してくれないかと頼まれた。従弟は若い頃から気ままな一人暮らしで墓がない。親や親戚の墓の納骨室はいっぱいだというのだ。そんなときは古いお骨を砕いて土に返したり、永代供養墓に移したりするようだが、従弟には遺産もなく、それもできないという。もちろん八重さんは、付き合いもない従弟と一緒の墓に入るなどまっぴらごめんと、きっぱり断った。夫の生前、夫婦でいくつもの墓を見学。海が見える丘にある霊園が気に入り、二人でここに入るつもりで購入したのだから。

Phase4の乗り切り方

自分で決める納得の最期

親の介護を通じて自分の老後をシミュレーションするＰｈａｓｅ１。だんだん年をとって身体的にも精神的にもフレイルの状態になるＰｈａｓｅ２。いよいよ本格介護の時期を迎えて自宅で頑張るか施設に入るか悩むＰｈａｓｅ３。三つの局面を経て、いよいよ最終局面です。

誰もが最期は納得して穏やかに逝きたいと願います。苦しみながら生かされるのも、意思に反して治療を中断されるのもごめんこうむりたい。どうせ死ぬなら後顧の憂いなく納得して死にたいから、それまでは、思い残すことなくハッピーに生きるのが理想です。

アメリカの著名な精神科医、エリザベス・キューブラー＝ロス博士の提唱した「死の受容のプロセス」は有名です。死を迎えるまでには、

【否認】 自分が死ぬなんて嘘に決まっていると疑う
【怒り】 どうして自分が死ななければならないのかと怒りが湧く
【取引】 何かにすがりたい心理でいろいろな手段を講じてみる
【抑鬱】 何もする気がおきない状態に陥る
【受容】 最終的に死を受け入れる

という5段階があるといいます。博士も、誰もがこのプロセスをたどるわけではないとしていますが、死を受け入れるための行程という枠組みを外してもなかなか示唆的なプロセスです。

一昔前は、親に「葬式はどうしたい？」とか「相続財産はどのくらいあるの？」などと尋ねようものなら「縁起でもない！」と怒りを買ったものです。さしずめ【否認】の段階

でしょうか。いまは、親の経済状態を知らなければ介護プランも立てられないし、葬儀の種類も多すぎて定型すらなくなり、希望を聞いておかないとどうしていいかわかりません。【怒り】は他者に向けて発せられます。昨今のパワーハラスメントやモンスタークライアントの横行は、社会的な死へのプロセスかもしれません。

身元保証の代行会社に丸ごとお任せしたくなったり、終活保険に入って安心したりするのは【取引】段階を示唆しているようです。何かにすがることで死の恐怖から逃れられると錯覚するのでしょう。

【抑鬱】状態に陥るのは、これまで続けてきた生きがいや楽しかったことを手放したからかもしれません。何もする気がおきなくなったり、社会から孤立したり、ゴミ屋敷になりそうだったりしたら、「抑鬱期に入ったのではないか」と自分を疑ってください。

いずれ【受容】段階を迎えることができるのならば、諦めとは違う、自分の生を全うした平穏な心境に至りたいもの。

死を受容するまでにはこうしたプロセスを辿ると知っておくだけで、自分を客観的に見ることができるし、こうした指標があれば、自分の意思や思いの傾向や偏りに気づくでしょう。そこから、「自分の最期は自分が納得いくよう自分で決める」という境地に至れば、しめたものです。

ハッピーエンディングの秘訣

Ｐｈａｓｅ４の行き着く先は大往生です。最終局面の乗り切り方は、よりハッピーな、より安心できる、より納得する最期になるよう努力することだけです。財産の行方が心配なら「遺言書」を書き、認知症になるのが心配なら「任意後見契約」を、自分が死んだ後のことが気になるなら「死後事務委任契約」を結んでおく。死後の準備を整えておけば、あとは安心して幸せに生きるだけ。

最期まで、自分を大切に、自分に優しく、〈自分介護〉で長生きしてまいりましょう。

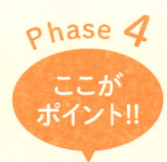

Phase 4

ここがポイント!!

●人生の終盤や死後のことで気になることをなりゆき任せにしない。
●死の受容プロセスを理解し、恐れない。

スタッフ一覧

アドバイス（登場順）

佐々木世津子（主任ケアマネジャー）
荒木桂子（看護師）
飯野三紀子（ライフプランナー）
柴本美佐代（ファイナンシャルプランナー）
立川久雄（不動産コンサルタント）
水野智之（精神科医）
勝俣範之（腫瘍内科医）
平 家宏（シニアホームコンサルタント）
石井博晶（司法書士）
大河内秀人（僧侶）
大角 修（宗教研究家）

構成・執筆

一般社団法人リボーンプロジェクト
島内晴美

取材・執筆（以下、50音順）

大曽根 薫　小川陽子　木村恵子　古怒田悦子　西東桂子
斎藤真理　島崎由貴子　菅波さえ子　広瀬真弓

装丁

三橋理恵子

デザイン

關根和彦　三橋理恵子（クオモド・デザイン）

編集

大曽根 薫　西東桂子

編集協力

井上 護　大角 修　小川陽子　城 満寿美　辻由美子

取材に応じていただいた多くのみなさんに心より感謝申し上げます。

編者■一般社団法人リボーンプロジェクト

会員同士の知見と経験を提供し合って人生後半期の困難・課題を解決していくことを目標に、2013年7月に設立した「終活」団体。介護、医療、福祉に加えて法律、経済分野など幅広い分野で仕事をしてきた専門家のプロボノ活動の場として、「セミナー」「相談」「セーフティネット」「葬儀」などさまざまなプロジェクトに取り組んでいる。本書は、同法人の「出版・編集分野」の会員の力を結集して生まれたもの。
ホームページ　**https://rebornpro.net**

じょうずに頼る介護——54のリアルと21のアドバイス——

2025年1月23日　第1版第1刷発行

編　者	一般社団法人リボーンプロジェクト
発行人	森山裕之
発行所	株式会社太田出版
	〒160-8571東京都新宿区愛住町22　第3山田ビル4F
	電話03(3359)6262　振替00120-6-162166
ホームページ	http://www.ohtabooks.com
印刷・製本	株式会社シナノ

乱丁・落丁はお取替えします。

ISBN978-4-7783-4010-0 C0077